Grill-Ueli

Grill-Ueli

Neue Rezepte für Outdoorköche

Ueli Bernold

FONA

7. Auflage 2015

www.fona.ch

Lektorat

Léonie Schmid

Konzept und Gestaltung

FonaGrafik, Stephanie Steimer

Fotos

Andreas Thumm, Freiburg i. Br.

Druck

Druckerei Uhl, Radolfzell

ISBN 978-3-03780-470-4

Danke für die Unterstützung

Alustar	www.alustar.ch	für Folienmaterial
OUTDOOR**CHEF**	www.outdoorchef.ch	für Grill und Zubehör
Metzgerei Keller AG, Zürich	www.metzgerei-keller.ch	für PremiumNaturafleisch
Thomy-Senf	www.thomy.ch	für die Senfprodukte
Pacovis AG	www.pacovis.ch	für die Gewürze
Sbrinz Käse GmbH	www.sbrinz.ch	für den besten Käsebrocken
Victorinox AG	www.victorinox.ch	für die Berufsmesser
Samira Duracak	www.gourmetkeller.ch	für die tolle Unterstützung

Inhaltsverzeichnis

Desserts & Backwaren

Basics

Widmung

Einer meiner schönsten Momente

Es war an einem Montagmorgen. Es klingelte an der Tür. Ich öffnete. «Hallo, mein Name ist Andreas Thumm. Ich bin Fotograf und soll die Bilder machen für Ihr neues Buch.» Unglaublich, schon jetzt spürte ich die Wärme und das Knistern, das es braucht zwischen zwei Menschen, um Höchstleistungen zu erbringen! «Salü, ich bin Grill-Ueli. Ich freue mich, dich kennenzulernen. Wir können uns duzen.» «Ich bin Andreas und freue mich ebenfalls und bin stolz, mit einer solchen Persönlichkeit zusammenzuarbeiten. Ich habe noch ein paar Utensilien im Auto, die ich holen muss, und dann können wir starten.» Ein paar Utensilien? Über eine Stunde liefen wir von der Wohnung zum Auto und wieder zurück. Einen Fensterladen, mehrere Holzbretter, eine Türe, mehrere Steinplatten, zwei Holztreppen, diverses Geschirr, eine Unmenge von kleinen Utensilien. Ich traute meinen Augen nicht. «Ich habe gemeint, wir machen Fotos.» Endlich eine Fotoausrüstung. Was heisst eine: drei Kameras, eine Filmkamera, zwei Laptops, ein Bildschirm und viele Kabel, unglaublich, was in einem Auto alles Platz hat.
Es begann eine spannende Zeit, ein Zusammenspiel von Grillkunst und Fotokunst. Alles musste auf «den Punkt» zubereitet werden, vom Grill zum Künstler an der Kamera. Keine Zeit zum Verschnaufen, höchste Konzentration auf beiden Seiten. Schon am zweiten Tag war klar, hier haben sich zwei gefunden, die dieselbe Sprache sprechen. Das Resultat ist große Klasse: Die Bilder leben, sie sprechen, sie ziehen einen so richtig hinein.

Danke, Andreas, für die wunderbare Zeit. Deine Bilder in meinem Buch sprechen für sich. Du bist für mich einer der ganz, ganz Grossen!

Danka viel Mol!

Grill-Ueli

Vorwort

Liebe Grillfreunde und «Grill-Ueli-Jünger»

Über 30 Jahre ist es her, seit ich das Grillen als eine meiner großen Leidenschaften entdeckt habe. Alles begann mit einem Traum, der jedoch noch nicht direkt mit dem Grillen zu tun hatte.
Schon als kleiner Junge war für mich klar, dass ich eines Tages eidg. dipl. Metzgermeister werden will. Während der Schulzeit war ich jeweils schon frühmorgens vor Schulbeginn in der Metzgerei und arbeitete stolz mit meinem Vater zusammen in meinem Traumberuf. Ebenso gehörte das regelmäßige Grillen an den Wochenenden bei verschiedenen Vereinsanlässen zum Alltag, was zur Routine am Grill beitrug.

Da war auch noch die Schule, die ich besuchen musste. Hier fiel ich eher durch meine feurige Präsenz und Faulheit auf als durch mein Strebertum. Deshalb waren die Lehrer nicht unglücklich, als ich mit vierzehneinhalb Jahren die Schule von einem Tag auf den andern verließ, um die Lehre als Metzger zu beginnen. Weil das Schuljahr vier Monate früher begonnen hatte, musste ich sämtlichen Stoff innert kürzester Zeit aufarbeiten. Wenn man einen Traum hat, fällt einem das nicht schwer und auch die Gewerbeschule machte mir mega Spaß. Schon nach zweieinhalb Jahren machte ich den Lehrabschluss und durfte als einer der Besten das Fähigkeitszeugnis als Metzger mit der Note 5,4 abholen. Der erste Teil meines Traumes ging so in Erfüllung. Nur sieben Jahre später erfüllte ich mir den zweiten Teil und durfte 1987 das Zeugnis als eidg. dipl. Metzgermeister entgegennehmen. Jetzt hatte ich Zeit für meine Leidenschaft: Ein Grillkurs folgte nach dem andern.

1997 trat ich zum ersten Mal zu einem Grill-Wettkampf an, und auf Anhieb wurde ich Grill- und BBQ-Schweizer-Meister. In den folgenden Jahren gab es noch mehrere Erfolge: Ich wurde achtmal Schweizer-Meister, viermal Europameister, viermal Weltmeister.

Eines habe ich nie gedacht, dass ich je einmal ein Grillbuch schreiben würde. Doch an den vielen Grillkursen und Grillevents wurde ich immer wieder auf mein eigenes Grillbuch angesprochen. 2006 versprach ich an einem Grillkurs meinen Kunden, dass ich ein Grillbuch schreiben würde.
Lange hat es gedauert, aber am 16. November 2010 war es endlich so weit. Mein erstes Buch war da und ich durfte es an der Vernissage vorstellen. Danke Zuzana und Daniele für die tolle Zusammenarbeit. Ich war unglaublich stolz auf mein Buch.

Wie das Leben so spielt. Das Buch war nach kurzer Zeit vergriffen. Es stellte sich die Frage: «Was nun?» Wo Erfolg ist, sind auch schnell viele Ideen. Mein langjähriger Sponsor, die Firma Outdoorchef, regte ein gemeinsames Buch an. Ich fühlte mich gebauchpinselt und war im Stillen auch ein bisschen stolz. Das Werk ist vollbracht. Ich bin überglücklich, dieses tolle Buch in den Händen zu halten. Ich möchte eines nicht vergessen, danke all denen zu sagen, die mich so toll unterstützt haben, allen voran Samira, meiner großen Liebe, und Christine Minder von der Firma Outdoorchef Schweiz!

Ich wünsche Ihnen viele schöne Stunden am Grill. Die Party ist eröffnet!

Euer Grill-Ueli

OUTDOOR**CHEF** – die Philosophie

Das Geheimnis des perfekten Barbecue-Erlebnisses

Für uns ist das ganze Jahr Grillsaison. In unserem Kalender stehen keine Monate, sondern die Fleisch-, Fisch- und Gemüsesorten, die gerade Saison haben.
Wir bauen keine übertrieben große Grills, sondern ermöglichen allen Grillmeistern, mit unseren Produkten Großartiges zu leisten und zu glänzen. Für uns bedeutet Grillen mehr als nur Lifestyle. Wir grillen mit Leidenschaft und für unser Leben gern.

Einfach
Mit OUTDOOR**CHEF** gelingt Ihnen einfach alles – und alles ganz einfach. Der Grill ist mit wenigen Handgriffen montiert. Anschließend können Sie durch die einfache Bedienung des Geräts ein perfektes Grillresultat erzielen. Dank unseren Grillsystemen, hochwertig beschichteten Rosten und integrierter Fettauffangschale ist der Grill schnell wieder sauber und einsatzbereit.

Vielseitig
Mit OUTDOOR**CHEF** meistern Sie jede kulinarische Herausforderung. Ob Gas, Holzkohle oder Elektro, ob grillen, kochen oder backen: Unsere intelligenten Grillsysteme und das vielseitige Sortiment an OUTDOOR**CHEF**-Zubehör garantieren Ihnen einen variantenreichen Grillgenuss und eine entspannte Zeit unter freiem Himmel.

Gesund
Gesundheit ist für OUTDOOR**CHEF** die Voraussetzung für ein rundum gelungenes und schmackhaftes Barbecue-Erlebnis. Auch hier tragen die innovativen Grillsysteme von OUTDOOR**CHEF** durch Vermeidung von Fettflammenbrand und der Möglichkeit des schonenden Garens zum leichten und gesunden Lifestyle bei.
Auch Ihre Nachbarn werden sich darüber erfreuen.

Einleitung Utensilien | Warenkunde

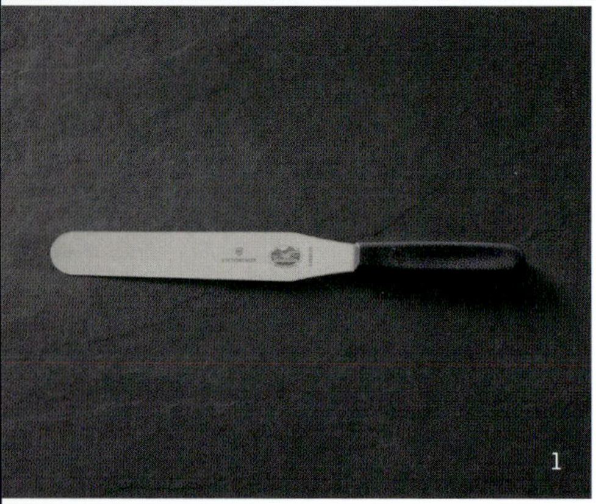
1

2

3

7

8

12

13

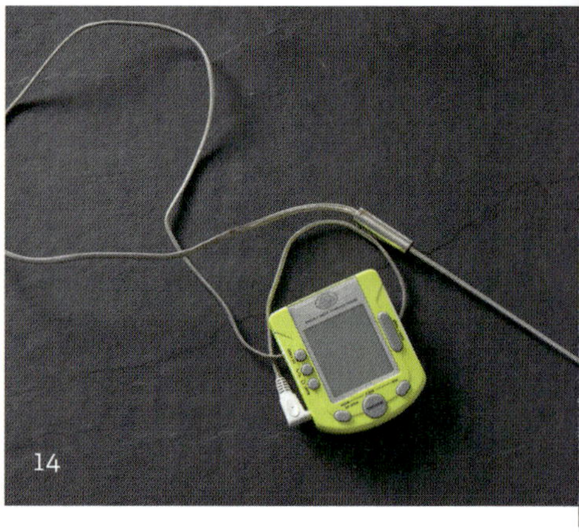
14

1 Spachtel

2 Konditor-Säge

3 Santokumesser

4 Brotmesser

5 Gemüsemesser

6 Fleischmesser

7 Küchenmesser

8 Filetiermesser

9 Gemüse-Rüstmesser

10 Gezacktes Rüstmesser

11 Allzweckmesser

12 Salz- oder Pfeffermühle

13 Grillschürze

14 Gourmet-Check (Kerntemperatur-Messer)

15 «Jet-Cut»-Frischhaltefolie

16 «Backstar»-Backpapier

17 «Alustar»-Alufolie (verstärkt)

Trichtersystem

Das EASY FLIP Trichter-System macht aus einem Grill zwei

Das Herzstück des OUTDOOR**CHEF**-Gaskugelgrills heißt EASY FLIP-Trichter und spiegelt die Innovationskunst der OUTDOOR**CHEF**-Ingenieure wieder.

Der EASY FLIP-Trichter ermöglicht, innerhalb von Sekunden die Hitzeverteilung von direkt auf indirekt zu ändern. Gleichzeitig verhindert er als intelligenter Schutzschild den schädlichen Fettflammenbrand und eine unerwünschte Rauchentwicklung.

Ein einziger Handgriff genügt, um von direktem auf indirektes Grillen, Kochen und Backen zu wechseln: einfach den EASY FLIP-Trichter umdrehen.

Direkte Hitze

Beim direkten Grillen und Kochen wird mit hoher Temperatur gearbeitet, die sich auf den Rost konzentriert, so bekommt z. B. das Steak auf dem Grill ein schönes Grillmuster.

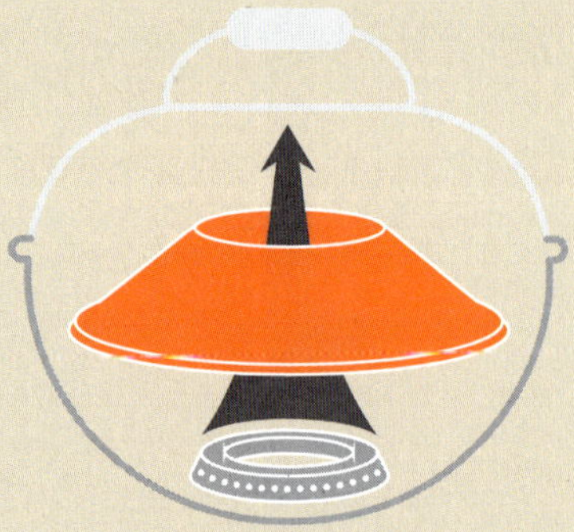

Indirekte Hitze

Beim indirekten Grillen, Kochen und Backen verteilt sich die Hitze gleichmäßig in der geschlossenen Grillkugel. Das ist z. B. ideal zum Dünsten von Gemüse oder zum Niedergaren eines Bratens.

Grillzubehör

1 Lochblech
2 Aromapfanne
3 Halbmond
4 Gourmet Set
5 Barbecue-Wok
6 Barbecue-Pfanne
7 Grillplatte, glatte Seite
8 Grillplatte, gerillte Seite
9 Gourmet-Pfanne
10 Backblech, gelocht
11 Pizzastein
12 Pizzaschaufel

Ein paar (offene) Geheimnisse

Was man wissen muss Fleisch besteht im Durchschnitt aus 70 % Wasser, 20 % Eiweiss, 9 % Fett und 1 % Mineralstoffen.

Marinieren Große Fleischstücke sollten bis 12 Stunden im Voraus mariniert und gesalzen werden. Vielfach hört man die Meinung, dass durch das Salzen der Braten trocken wird. Es ist richtig, dass das Salz dem Fleisch Feuchtigkeit entzieht, aber nur 1–3 %, was erstens vernachlässigbar und zweitens gewollt ist: Die ausgeschiedene Flüssigkeit und die Aromen der Marinade verbinden sich dabei. Auf dem heißen Grill entsteht in Kombination mit dem Fleischeiweiß, dem Zucker und den Gewürzen die von allen geliebte Fleischkruste.

Poren-Wahnsinn Die Hautporen ermöglichen, dass das Fleisch darunter überhaupt atmen kann. Fleisch als solches hat keine Poren, sondern eine glatte Oberfläche. Sie wird bereits ab 57 °C durch das stockende Eiweiß verschlossen und verhindert so, dass der Fleischsaft austreten kann.
Durch das Heißanbraten entwickelt sich ein feines Röstaroma; es dient nicht dem Schließen der Poren, die es gar nicht gibt!

Wichtig Lebensmittel (Fleisch, Geflügel, Fisch, Gemüse, Früchte usw.) mindestens 2 Stunden vor dem Grillen aus dem Kühlschrank nehmen und Zimmertemperatur annehmen lassen (Fleisch jeder Art und Fisch zudecken). Lebensmittel sind eine lebendige Materie und es käme zu einem Hitzeschock, wenn man sie kalt auf den Grill legt (Eiweiss und Wasser würden ausscheiden). Eine lebendige Materie? Ja, sonst würden unsere Lebensmittel ja nicht verderben!

Der Garvorgang beim indirekten Grillen

1. Das marinierte Fleisch wird auf dem Grill indirekt gegart.

2. Ab 57 °C beginnt das Fleischeiweiß an der Oberfläche zu stocken. Der Fleischsaft wird so am Austreten gehindert. Im Innern baut sich durch die Erwärmung des Wassers ein Überdruck auf.

3. Wenn die gewünschte Kerntemperatur erreicht ist, z.B. 55 °C, wird das Fleisch vom Grill genommen und zugedeckt, aber nicht eingepackt, stehen gelassen. Der Innendruck nimmt ab. Der zirkulierende Fleischsaft holt an der Oberfläche die höhere Temperatur ab und verbindet sich mit der Kerntemperatur. Nur durch diesen Austausch steigt innerhalb der nächsten 8 Minuten, in der Zeit des Ruhenlassens, die Kerntemperatur um etwa 6 °C. Das Fleisch hat jetzt eine Kerntemperatur von 61 °C. Es hat nun die optimale Genusstemperatur und ist wunderbar saftig und zart.

1

2

3

Anstrich Ich bin nicht unter die Maler gegangen: Der «Anstrich» gibt dem Braten eine schöne Farbe. Zutaten gut verrühren und etwa 10 Minuten vor Ende der Garzeit ein- bis zweimal auftragen.

Grill-Ueli-Anstrich	20 g Senf, mild | 20 g Sojasauce (salzreduziert) 20 g Bouillon | 20 g Ahornsirup
Honig-Anstrich	20 g Senf | 20 g flüssiger Honig | 20 g Olivenöl
Balsamico-Anstrich	20 g Aceto Balsamico | 20 g Olivenöl 20 g Tomatenpüree

Rind

Namen der Fleischstücke
Schweiz | Deutschland | Österreich

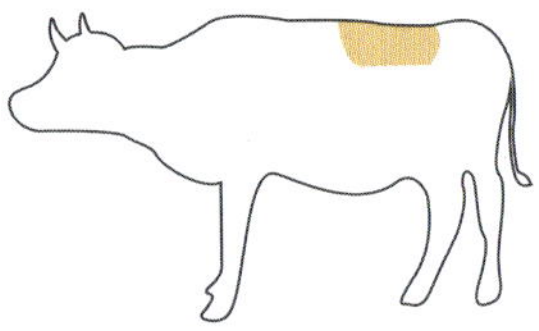

1 Roastbeef | Roastbeef | Beiried
optimal 54–57 °C | eher blutig 40–44 °C

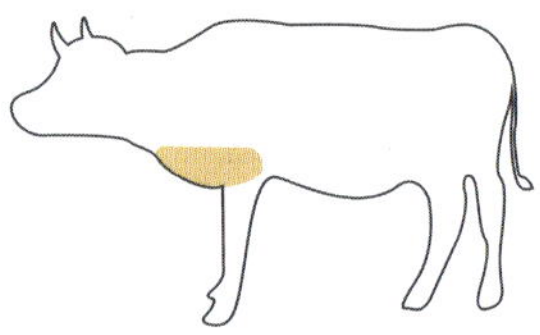

2 Brustkern | Mittelbrust | Brustkern / Dickes Kügerl
optimal | 88–93 °C

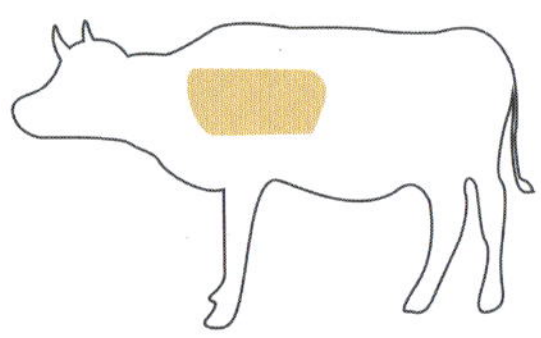

3 Federstück | Spannrippe, Fehlrippe, Querrippe | Dicker Spitz
optimal | 88–93 °C

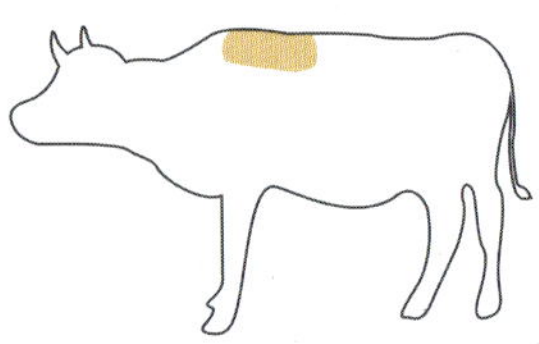

4 Kotelett | Kotelett / Porterhousesteak | Kotelette optimal 55–60 °C

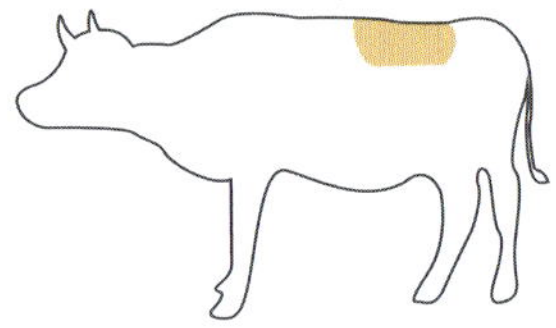

5 Entrecôte double | Entrecôte / Rumpsteak / Rostbraten | Dicke Scheibe Beiried (Stück vom Roastbeef)
optimal 54–57 °C | eher blutig 40–44 °C

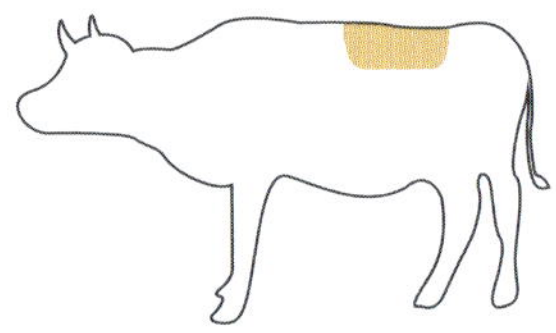

6 T-Bonesteak | T-Bonesteak | T-Bonesteak optimal 54–57 °C

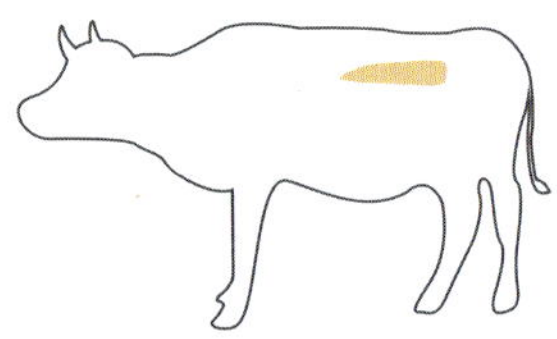

7 Filet | Filet oder Lende | Lungenbraten optimal 51–55 °C
eher blutig 40–44 °C

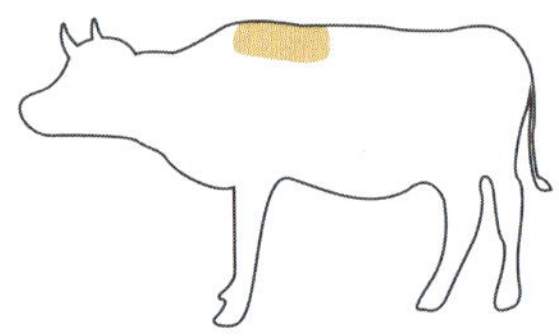

8 Hohrücken | Hochrippe | Rostbraten optimal 58–62 °C

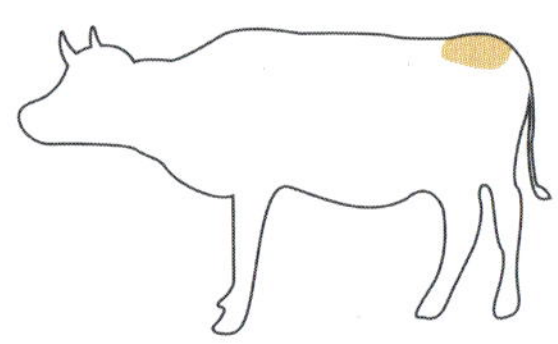

9 Huft / Huftfilet | Hüfte | Hüferscherzel optimal 54–57 °C
eher blutig 40–44 °C

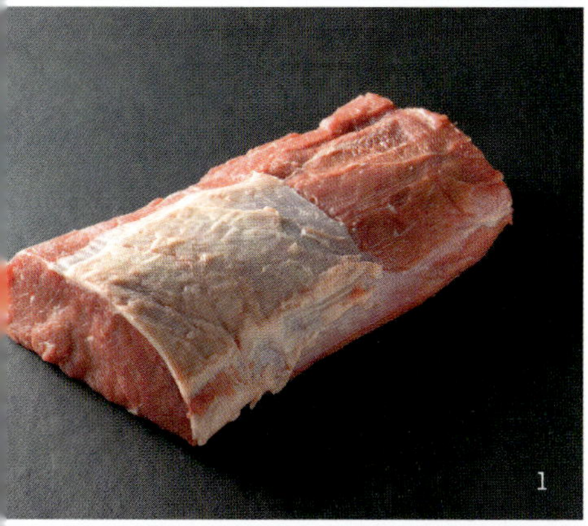
1

2

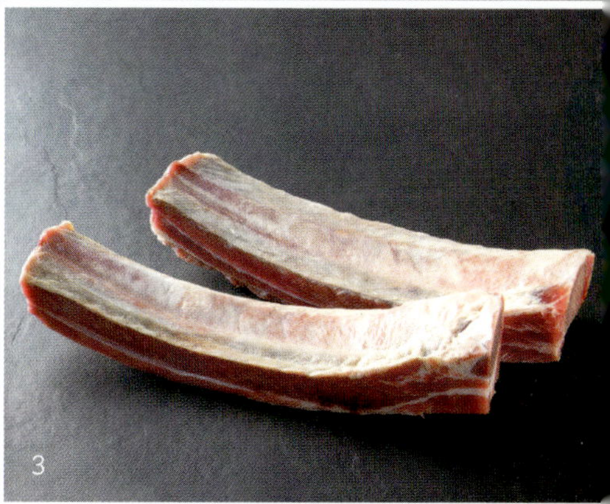
3

4

5

6

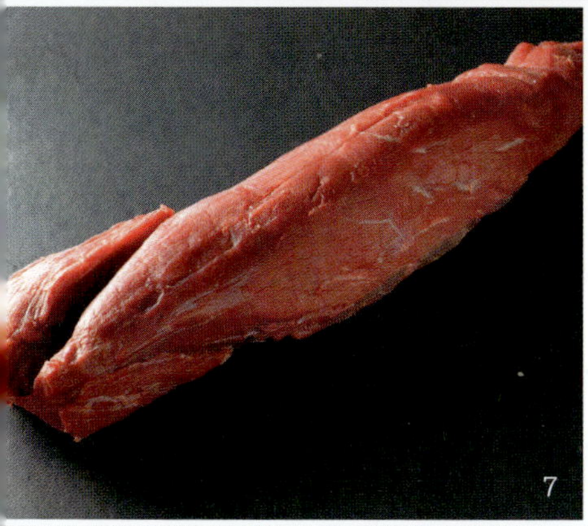
7

8

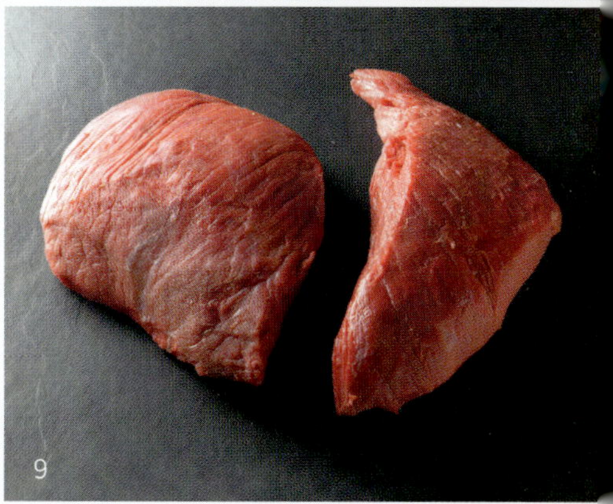
9

Kalb

Namen der Fleischstücke
Schweiz | Deutschland | Österreich

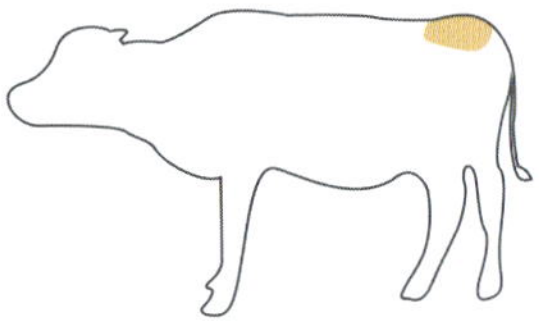

1 Huft / Huftfilet | Hüfte | Schlussbratenstück
optimal 57–62 °C | eher blutig 37–40 °C

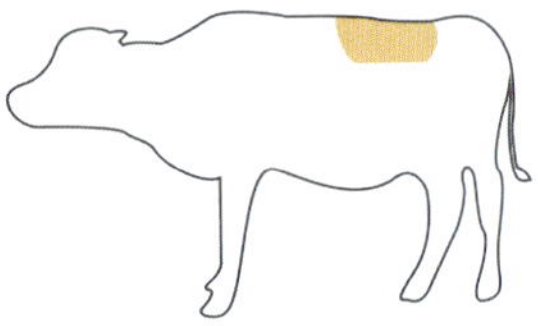

2 Nierstück | Rücken / Schoss | Nierenbraten optimal 57–62 °C

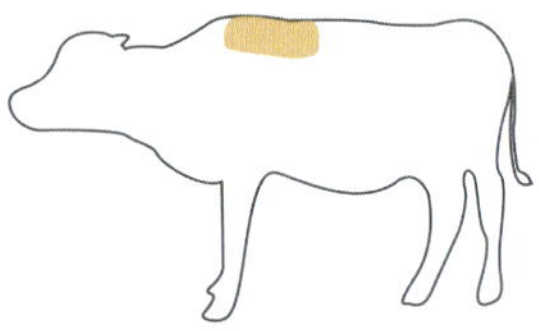

3 Hohrücken | Hochrücken | Karree
optimal 58–64 °C

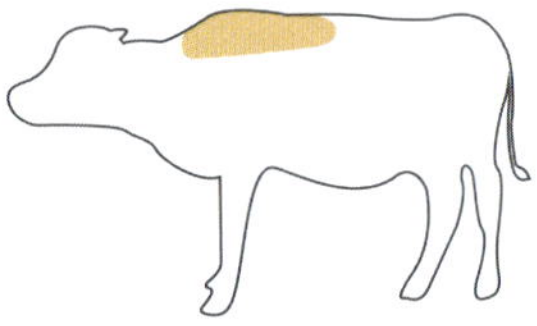

4 Spareribs | Spareribs | Ripperl vom Karree optimal 86–90 °C

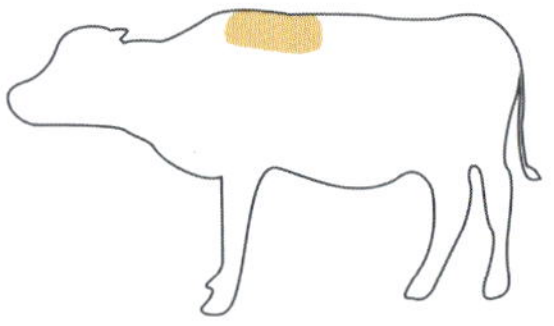

5 Rack | Kalbskotelett | Karree, wie gewachsen optimal 58–64 °C

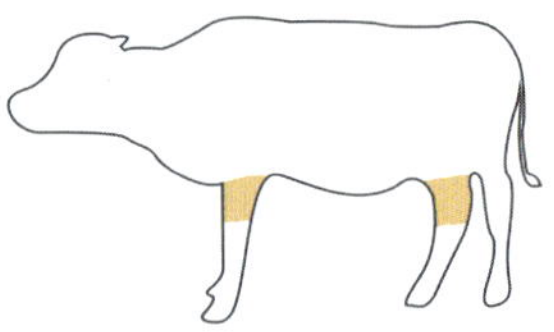

6 Haxe | Haxe | Stelze
optimal 80–85 °C

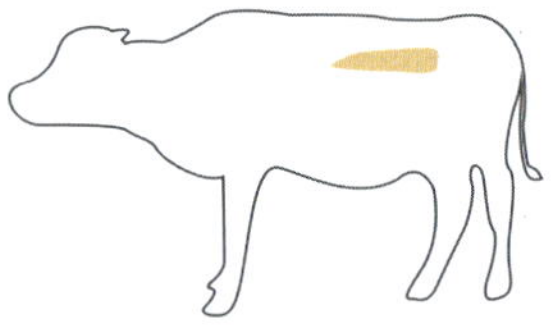

7 Filet | Filet / Lende | Filet
optimal 54–58 °C

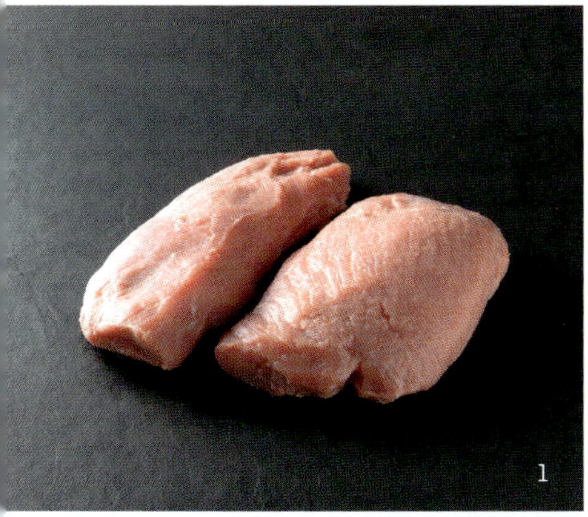
1

2

3

4

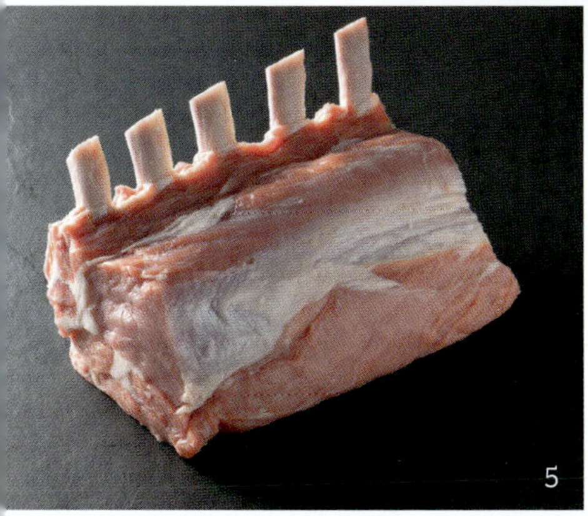
5

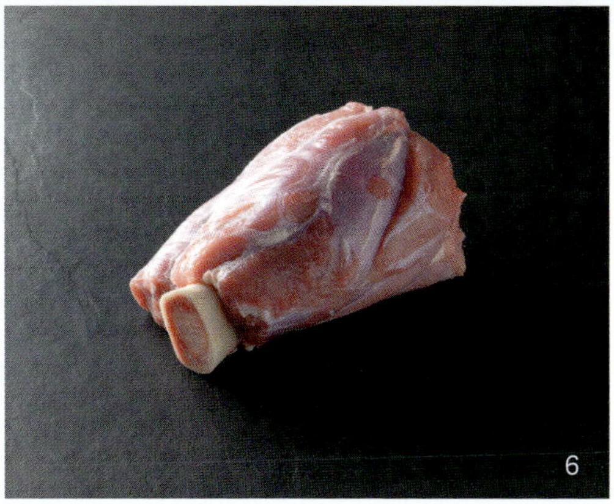
6

7

Schwein

Namen der Fleischstücke
Schweiz | Deutschland | Österreich

1 **Eckstück | Oberschale | Kaiserteil / Schale** optimal 62–66 °C

2 **Filet | Filet / Lende | Filet**
optimal 58–62 °C

3 **Hals | Hals | Schopfbraten**
optimal 70–75 °C

4 **Rack | Stielkotelett | Langes Karree**
optimal 63–68 °C

5 **Hohrücken | Hohrücken / Kotelett ohne Knochen | Langes Karree, ausgelöst** optimal 65–70 °C

6 **Nierstück | Rücken / Lachs / Karbonade | Kurzes Karree**
optimal 58–64 °C

7 **Spareribs | Babyribs / Schälrippchen | Ripperl vom Karree**
optimal 80–85 °C

8 **Rippli vom Nierstück | Kassler Kotelett / Kassler vom S-Rücken | kurzes Karree, geräuchert** optimal 65–68 °C

1

2

3

4

5

6

7

8

Lamm

Namen der Fleischstücke
Schweiz | Deutschland | Österreich

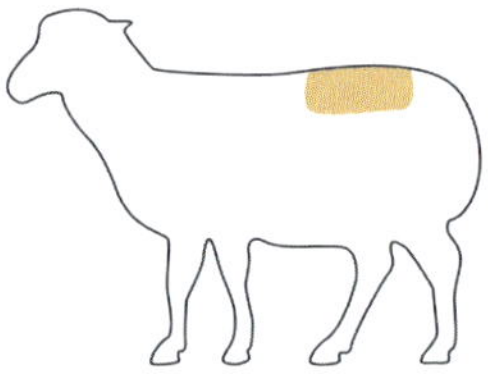

1 Nierstück | Rückenfilet | Kurzes Karree ohne Bein optimal 48–55 °C

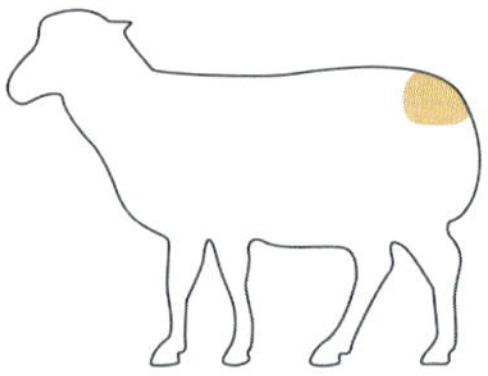

2 Huft | Hüfte | Schlussbraten optimal 55–60 °C

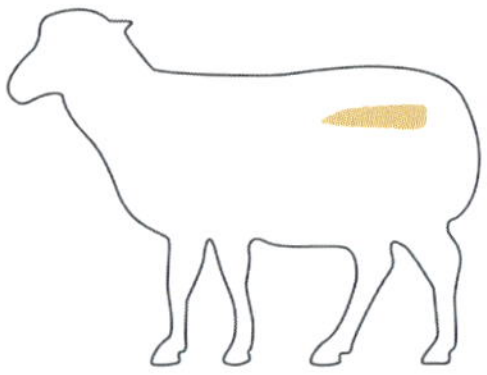

3 Filet optimal 50–55 °C

4 Rack | Lammkotelett | Karree wie gewachsen optimal 56–60 °C

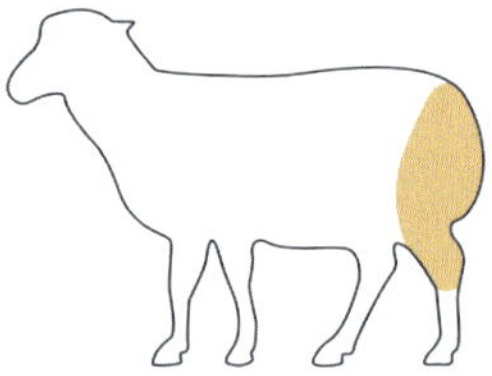

5 Gigot | Lammkeule | Schlögel optimal 58–64 °C

1

2

3

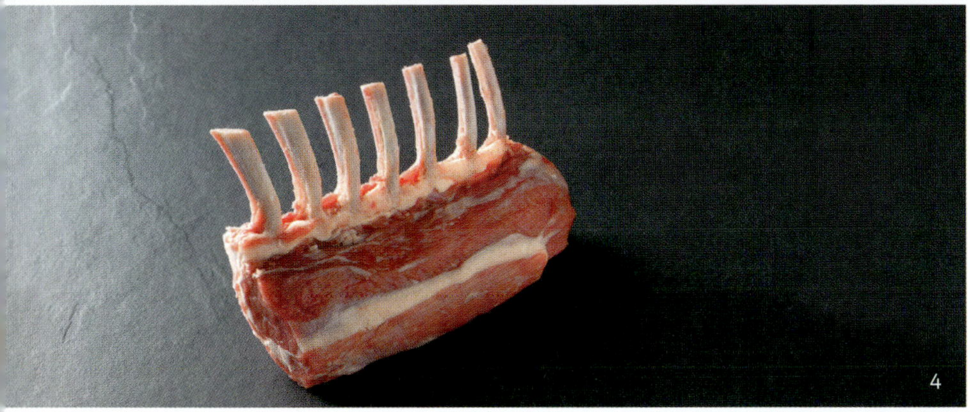
4

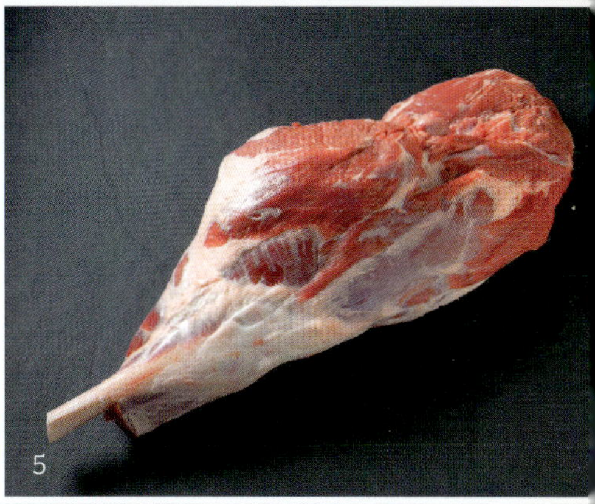
5

Kaninchen

Namen der Fleischstücke
Schweiz | Deutschland | Österreich

1 Rücken ohne Bein optimal 68–70 °C

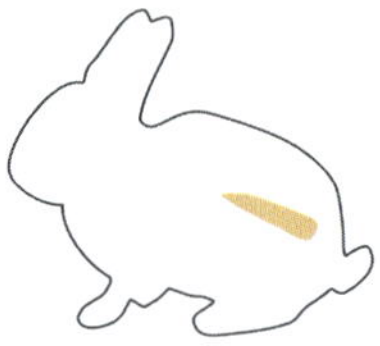

2 Filet optimal 58–62 °C

3 Schlegel optimal 62–65 °C

1

2

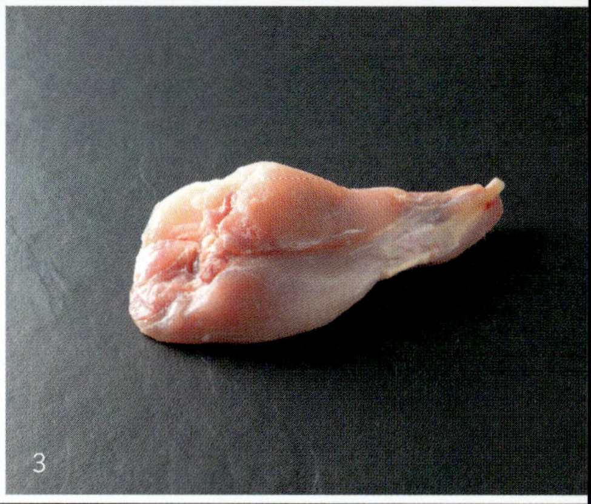

3

Huhn

Namen der Fleischstücke
Schweiz | Deutschland | Österreich

1 Brust | Hähnchenschnitzel | Hendelbrust / Hendelfilet mindestens 70 °C

2 Brust Suprême | Hähnchenbrust | Hendelbrust Suprême (Brust mit Flügelteil) mindestens 70 °C

3 Flügeli | Flügel | Hendelflügerl mindestens 70 °C

4 Ganzes Huhn | Hähnchen | Ganzes Huhn mindestens 70 °C

5 Aillerons | Flügelchen | Hendel Partyflügel mindestens 70 °C

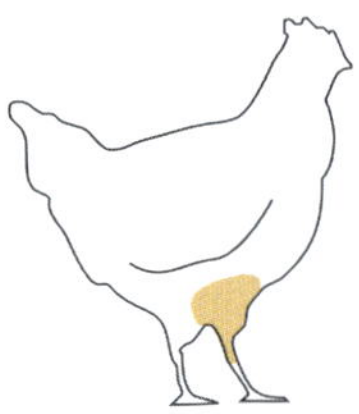

6 Ganzer Schenkel | Hähnchenschlegel | Hendelhaxerl mindestens 70 °C

7 Oberschenkel | Oberkeule | Hendeloberkeule mindestens 70 °C

8 Unterschenkel | Unterschenkel | Henderlunterkeule mindestens 70 °C

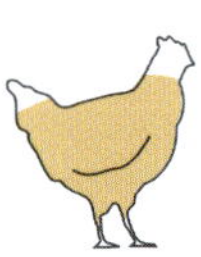

9 Mistkratzerli | Stubenküken | Stubenküken mindestens 70 °C

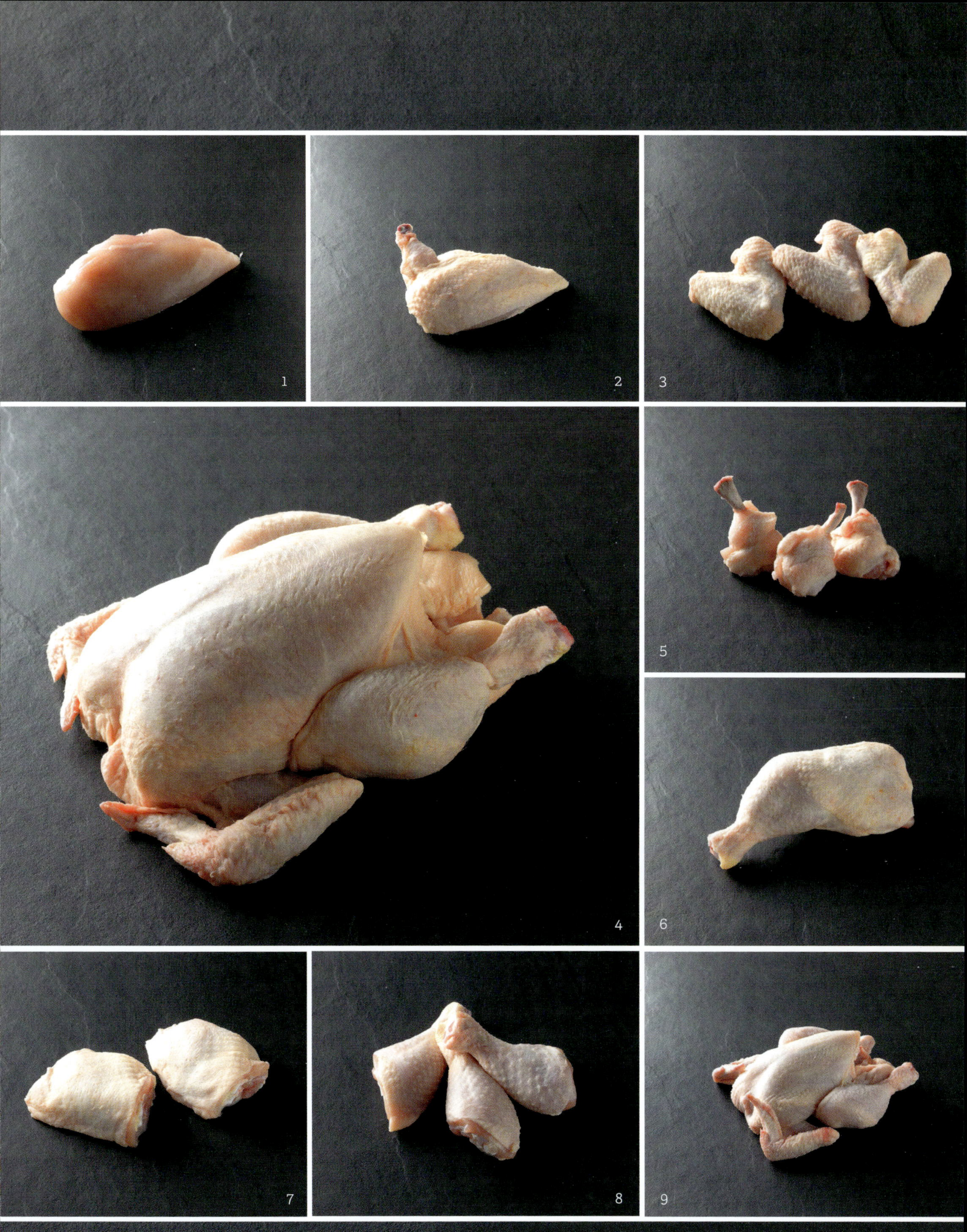
1
2
3
4
5
6
7
8
9

Reh und Hirsch

Namen der Fleischstücke
Schweiz | Deutschland | Österreich

1 Nierstück (Rückenfilet)
optimal 52–57 °C

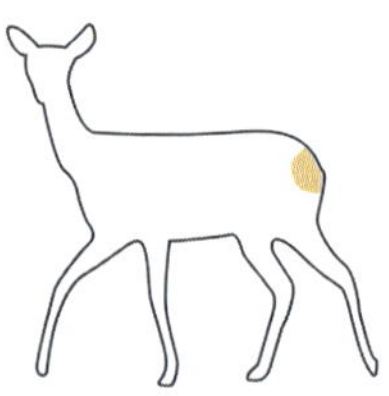

2 Eckstück (Bäggli) | Oberschale | Schale/Kaiserteil
optimal 52–57 °C

3 Rehrücken
optimal 54–58 °C

4 Nierstück
optimal 52–57 °C

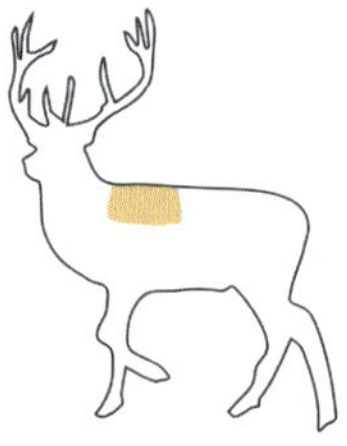

5 Rack | Kotelett | Rücken, wie gewachsen
optimal 54–58 °C

1

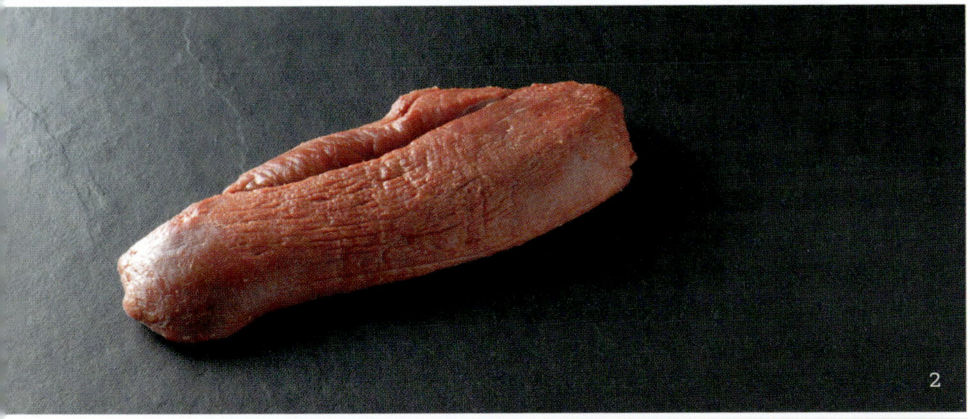

2

3

4

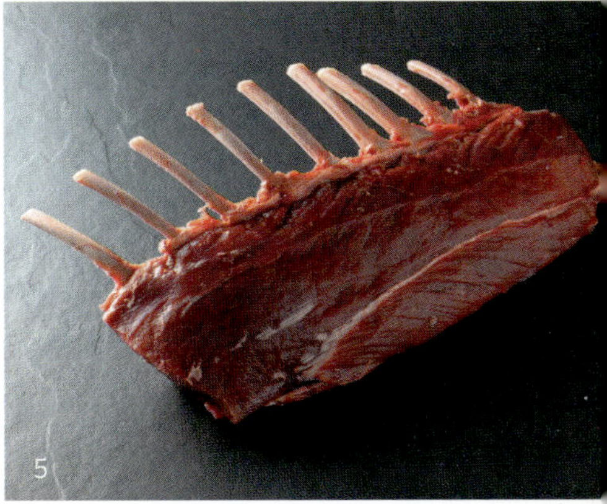

5

Fisch

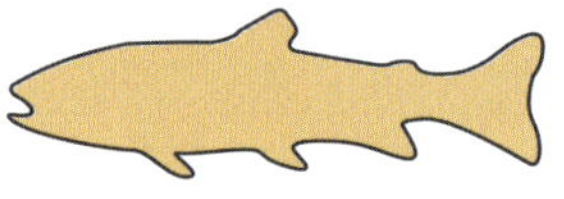

1 Forelle optimal 43–48 °C

2 Thunfisch optimal 35–38 °C

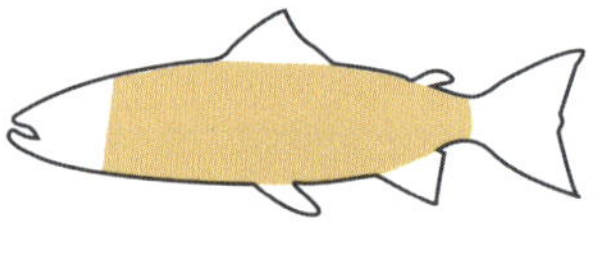

3 Lachs optimal 40–45 °C

1

2

3

Aperitif

Marroni-Variationen

für 4 Personen

12 glasierte Marroni
4 grüne Lauchstreifen,
2 cm breit
4 Scheiben Salami nostrano

Olivenöl
Gemüsegewürz

Funnel: indirekte Wärme
Deckel: geschlossen
Grillzubehör: Grillrost, Backblech oder Halbmond (gelocht)
Vorheizen: 200 °C, 2 Minuten, Stufe 2, geschlossener Deckel
Grillzeit: 6–8 Minuten

1
Lauchstreifen im Dampf 2 Minuten blanchieren, mit kaltem Wasser abschrecken und trocknen, vier Marroni damit umwickeln, mit Zahnstochern fixieren.

2
Salamischeiben halbieren, Marroni damit einpacken, mit Zahnstocher fixieren.

3
Glasierte Marroni natur auch auf Zahnstocher stecken.

4
Grill mit Backblech 2 Minuten bei 200 °C indirekt vorheizen.

5
Marroni auf das Blech legen, mit dem Gemüsegewürz würzen und mit Olivenöl einstreichen.

6
Marroni im Grill 6 bis 8 Minuten bei 220 °C indirekt grillen.

Aperitif-stängel

für 50 bis 60 Stück

300 g Strudel- oder Filoteig
120 g Sbrinz, gerieben
60 g eingelegte grüne Pfefferkörner
5 g Rosmarinnadeln
1 Sträußchen Petersilie

100 g flüssige Butter

Funnel: indirekte Wärme
Deckel: geschlossen
Grillzubehör: Grillrost, Lochblech
Vorheizen: 220 °C, 3 Minuten, Stufe 2, geschlossener Deckel
Grillzeit: 10 Minuten

1
Grüne Pfefferkörner in ein Sieb geben und mit kaltem Wasser überbrausen.

2
Pfeffer, Rosmarinnadeln und abgezupfte Petersilie fein hacken, unter den Sbrinz mischen.

3
Grill 3 Minuten auf 220 °C indirekt vorheizen.

4
Teig auf die Arbeitsfläche legen, 10 cm große Quadrate schneiden, mit Butter bestreichen, mit der Käse-Kräuter-Mischung bestreuen, Teig diagonal aufrollen.

5
Aperitifstängel auf das mit Backpapier belegte Blech legen, etwa 10 Minuten bei 220 °C indirekt goldgelb backen. Ofenfrisch genießen.

Datteln
mit Frischkäsefüllung

12 Datteln mit Stein
60 g Kräuterfrischkäse
wenig fein geschnittener Schnittlauch

Funnel: indirekte Wärme
Deckel: geschlossen
Grillzubehör: Grillrost, Lochblech oder Halbmond (gelocht)
Vorheizen: 220 °C, 2 Minuten, Stufe 2, geschlossener Deckel
Grillzeit: 4 Minuten

1
Grill indirekt 2 Minuten auf 220 °C vorheizen.

2
Datteln mit einem spitzen Messer längs einschneiden, den Stein entfernen, die Früchte etwas auseinanderdrücken und mit 5 g Kräuterfrischkäse füllen. Auf das Blech legen.

3
Gefüllte Datteln 4 Minuten bei 220 °C indirekt grillen. Mit Schnittlauch bestreuen.

Produkteinfo
Datteln mit Stein sind saftiger als entsteinte Früchte.

Bündner Gipfeli

für 16 Gipfeli

1 runder Blätterteig,
32 cm Durchmesser

Füllung
60 g Bündner Salsiz
20 g Wild- oder Kalbsbrät
2–3 Cherrytomaten

1 Eigelb

Funnel: indirekte Wärme
Deckel: geschlossen
Grillzubehör: Grillrost, Lochblech
Vorheizen: 250 °C, 3 Minuten, Stufe 2, geschlossener Deckel
Grillzeit: 16 Minuten

1
Salsiz in Würfelchen schneiden. Stielansatz bei den Tomaten ausstechen, Tomaten in Würfelchen schneiden. Die Zutaten für die Füllung mischen.

2
Blätterteig in 16 «Kuchenstücke» schneiden. Je 6 g Füllung auf den äußeren, breiten Teil geben. Teigspitze mit Eigelb bestreichen, von der breiten Seite her aufrollen.

3
Grill 3 Minuten auf 250 °C indirekt vorheizen.

4
Lochblech mit 16 Backpapieren in der Größe der Gipfeli belegen (die Luft kann so besser zirkulieren als bei nur einem Backpapier), Gipfeli darauflegen, mit Eigelb bestreichen.

5
Blech mit Gipfeli auf den Rost stellen, etwa 16 Minuten bei 220 °C indirekt backen.

Aperitif-tomaten

12 Cherrytomaten
6 Scheiben Rohessspeck, je 6 g
1 Zucchino
12 Basilikumblätter

wenig Olivenöl
wenig Gemüsegewürz
12 Minispießchen
oder Zahnstocher

Funnel: indirekte Wärme

Deckel: geschlossen

Grillzubehör: Grillrost, Lochblech oder Halbmond (gelocht)

Vorheizen: 220 °C, 2 Minuten, Stufe 2, geschlossener Deckel

Grillzeit: 6–8 Minuten

1

Grill 2 Minuten auf 220 °C indirekt vorheizen.

2

Zucchino beidseitig kappen und längs in sechs dünne Scheiben schneiden; das geht am besten mit dem Sparschäler.

3

Speck- und Zucchinischeiben auf die Arbeitsfläche legen, mit Basilikumblättchen belegen, Tomaten darauflegen und einrollen. Mit Spießchen oder Zahnstochern fixieren. Röllchen auf das Blech legen, mit dem Gemüsegewürz würzen und mit Olivenöl bestreichen.

4

Aperitiftomaten 6 bis 8 Minuten bei 220 °C indirekt grillen.

Fleischkäse-Baguette

2 Baguettes, 20 cm lang, zum Aufbacken
wenig Weißwein
400 g Kalbsbrät
wenig getrocknete Chilischote aus der Mühle

Funnel: indirekte Wärme
Deckel: geschlossen
Grillzubehör: Grillrost
Vorheizen: 250 °C, 5 Minuten, Stufe 2, geschlossener Deckel
Grillzeit: 15 Minuten

1
Grill 5 Minuten auf 250 °C indirekt vorheizen.

2
Baguettes längs halbieren und mit wenig Weißwein beträufeln. Kalbsbrät auf den leicht feuchten Baguettes verstreichen, mit Chili schwach würzen.

3
Baguettes mit der Brätseite nach unten auf den heißen Rost legen und etwa 15 Minuten bei 220 °C indirekt grillen. Achtung: Baguettes mindestens 5 Minuten so belassen und nicht wenden. Das Brät klebt in den ersten Minuten, löst sich jedoch, sobald das Eiweiß im Brät gestockt ist.

Vegetarisch

Spinat-lasagne

für 4 Personen als Hauptgang

12 Lasagneblätter, ca. 200 g
1 Portion Béchamelsauce
300 g Spinat
70 g geriebener Sbrinz

Butter für die Pfanne

Béchamelsauce (400 g)
25 g Butter
30 g Weißmehl
25 g Zwiebeln, fein gewürfelt
½ l Milch
2 Lorbeerblätter
3 Gewürznelken
15 g Gemüsegewürz
2–3 Prisen Muskatnuss

Funnel: indirekte Wärme
Deckel: geschlossen
Grillzubehör: Grillrost, Aromapfanne
Vorheizen: 220 °C, 3 Minuten, Stufe 2, geschlossener Deckel
Grillzeit: 35 Minuten

1
Spinat im Dampf zusammenfallen lassen, leicht ausdrücken, abkühlen lassen.

2
Für die Béchamelsauce Mehl und Zwiebeln in der heißen Butter andünsten, Milch unter Rühren portionsweise zugeben, immer wieder glatt rühren, sämtliche Gewürze zugeben, Sauce unter Rühren etwa 3 Minuten köcheln lassen, bis sie leicht bindet. Lorbeerblätter und Gewürznelken entfernen.

3
Grill 3 Minuten auf 220 °C indirekt vorheizen.

4
Aromapfanne mit Butter einstreichen, den Boden mit Béchamelsauce bedecken. Lasagneblätter darauflegen, mit Spinat bedecken, mit Béchamelsauce, Lasagneblättern, Spinat, Lasagneblättern und Béchamelsauce weiterfahren, mit Sbrinz abschließen.

5
Spinatlasagne etwa 35 Minuten bei 220 °C indirekt grillen.

Kartoffel

mit Kabis-Ananas-Füllung

für 4 Personen
als Hauptgang oder Beilage

4 festkochende Kartoffeln, je ca. 200 g
80 g Butter
10 g Gemüsegewürz
300 g Kabissalat
2 Ananasscheiben
100 g Sbrinz, gehobelt
40 g flüssige Butter
Pfeffer aus der Mühle

Funnel: indirekte Wärme
Deckel: geschlossen
Grillzubehör: Grillrost
Vorheizen: 220 °C, 3 Minuten, Stufe 2, geschlossener Deckel
Grillzeit: 66 Minuten

1
Grill 3 Minuten auf 220 °C indirekt vorheizen.

2
Kartoffeln waschen. Einzeln auf eine Alufolie legen, 20 g Butter und 2 bis 3 g Gemüsegewürz auf die Kartoffeln geben, satt einpacken.

3
Kartoffelpakete auf den Rost legen, etwa 60 Minuten bei 220 °C grillen, bis die Kartoffeln schön weich sind. Vom Grill nehmen und ein wenig abkühlen lassen.

4
Grill etwa 6 Minuten auf 250 °C indirekt vorheizen.

5
Ananasscheiben in Stückchen schneiden, unter den Kabissalat mischen.

6
Kartoffeln aus der Folie nehmen, längs einschneiden, ein wenig auseinanderdrücken und mit dem Kabissalat belegen, Sbrinz darüberstreuen.

7
Kartoffeln etwa 6 Minuten bei 250 °C indirekt überbacken. Flüssige Butter darüberträufeln, mit ein wenig Pfeffer abschmecken.

Kartoffel

mit Mascarponefüllung

für 4 Personen
als Hauptgang oder Beilage

4 festkochende Kartoffeln, je 200 g
200 g Mascarpone
20 g Gemüsegewürz
1 Sträußchen Petersilie, Blättchen abgezupft und gehackt

wenig Rahm / Sahne, zum Bestreichen

Funnel: indirekte Wärme
Deckel: geschlossen
Grillzubehör: Grillrost
Vorheizen: 220 °C, 3 Minuten, Stufe 2, geschlossener Deckel
Grillzeit: 80 Minuten

1
Grill 3 Minuten auf 220 °C indirekt vorheizen.

2
Kartoffeln waschen. Einzeln in eine Alufolie einpacken und im Grill 60 Minuten indirekt bei 220 °C grillen. Folie öffnen, Kartoffeln kurz abkühlen lassen.

3
Den Kartoffeln längs einen Deckel abschneiden, mit einem Kaffeelöffel vorsichtig aushöhlen, in eine Schüssel geben. Mascarpone, Gemüsegewürz und Petersilie untermischen, nicht kneten, weil die Masse gummig wird. In die Kartoffeln füllen, mit Rahm bestreichen.

4
Kartoffeln im Grill nochmals 20 Minuten bei 200 °C grillen.

Tipp
Bei einer größeren Menge Kartoffeln zum Füllen einen Spritzbeutel verwenden.

Polenta-
Gemüse-Gratin

für 6 bis 8 Personen als Beilage
für 4 Personen als Hauptgang

200 g Cherrytomaten
200 g Zucchini
200 g grüne Peperoni / Gemüsepaprika
24 g Gemüsegewürz
200 g Bramatamais
½ l Mineralwasser mit Kohlensäure
80 g geriebener Sbrinz
100 g Sauerrahm / saure Sahne

20 g Butter, für den Halbmond

Funnel: indirekte Wärme
Deckel: geschlossen
Grillzubehör: Grillrost, Halbmond (geschlossene Form)
Vorheizen: 220 °C, 3 Minuten, Stufe 2, geschlossener Deckel
Grillzeit: 35 Minuten

1
Halbmondform großzügig mit Butter einfetten.

2
Grill 3 Minuten auf 220 °C indirekt vorheizen.

3
Bei den Tomaten den Stielansatz ausstechen, je nach Größe halbieren oder vierteln, in die Form geben. Peperoni halbieren, Stiel, Kerne sowie weiße Rippen entfernen, Schotenhälften in Würfelchen schneiden. Zucchini beidseitig kappen, in Würfelchen schneiden. Gemüse in die Form geben, würzen. Mais zugeben, alles gut mischen. Mineralwasser zugeben.

4
Gratin im vorgeheizten Grill etwa 30 Minuten bei 220 °C indirekt grillen, bis der Mais die Flüssigkeit aufgenommen hat. Sbrinz und Sauerrahm darüber verteilen. Etwa 5 Minuten bei 300 °C gratinieren.

Crêpes
mit Steinpilzen

für 4 Personen
als Vorspeise oder Beilage

20 g Butter
500 g Steinpilze
12 g Gemüsegewürz

Crêpeteig
100 g Weißmehl
2 Prisen Salz
2 Prisen Puderzucker
125 g Milch
60 g Rahm / Sahne
2 Eier
1 EL Olivenöl

Butter, für die Gusseisenplatte

Funnel: direkte Wärme
Deckel: offen
Grillzubehör: Grillplatte (glatte Oberfläche)
Vorheizen: kleinste Stufe, 5 Minuten, geschlossener Deckel

1
Für den Crêpeteig Mehl in eine Schüssel sieben, Salz und Puderzucker untermischen, Milch, Rahm, Eier und Olivenöl nach und nach unter Rühren zugeben. Teig zugedeckt 1 Stunde ruhen lassen.

2
Steinpilze je nach Größe zerkleinern.

3
Grillplatte auf der kleinsten Stufe 5 Minuten vorheizen. Ein wenig Butter auf der Platte zerlassen, den Crêpeteig mit einem Schöpflöffel portionieren und auf der Gusseisenplatte rund verteilen. Crêpe beidseitig backen. In einem Tuch warm halten.

4
Steinpilze mit Butter auf die Grillplatte geben und kurz dünsten, würzen. Mit den Crêpes anrichten.

Gratin

aus Kartoffelpüree

für 4 Personen als Hauptgang

800 g mehligkochende Kartoffeln
50 g Butter
2 Rosmarinzweige
2 Gewürznelken
150 g Milch
50 g weiche Butter

Guss
150 g Milch
1 Ei
10 g Gemüsegewürz
50 g Sbrinz, gerieben
50 Freiburger Vacherin, gerieben

Funnel: indirekte Wärme
Deckel: geschlossen
Grillzubehör: Grillrost, Aromapfanne
Vorheizen: 220 °C, 3 Minuten, Stufe 2, geschlossener Deckel
Grillzeit: 70 Minuten

1
Grill 3 Minuten auf 220 °C vorheizen.

2
Kartoffeln schälen, in zwei Portionen teilen und mit je 25 g Butter, Rosmarinzweig und Gewürznelke in Alufolie einpacken.

3
Kartoffeln 1 Stunde im vorgeheizten Grill bei 220 °C indirekt grillen, bis sie weich sind. Aus dem Grill nehmen, Alufolie öffnen, kurz stehen lassen. Heiße Kartoffeln in einer Schüssel zerdrücken, Milch und Butter unterrühren. In die Aromapfanne füllen. Guss zubereiten und über die Katoffeln verteilen.

4
Gratin im vorgeheizten Grill etwa 10 Minuten bei 250 °C indirekt gratinieren.

Peperoni-gemüse

für 4 Personen als Beilage

ca. 500 g rote Peperoni / Gemüsepaprika
ca. 500 g gelbe Peperoni / Gemüsepaprika
150 g Olivenöl
25 g Gemüsegewürz

Funnel: indirekte Wärme
Deckel: geschlossen
Grillzubehör: Grillrost, Aromapfanne
Vorheizen: 220 °C, 5 Minuten, Stufe 2, geschlossener Deckel
Grillzeit: 10 Minuten

1
Grill 5 Minuten auf 220 °C indirekt vorheizen.

2
Peperoni halbieren, Stiel, Kerne und weiße Rippen entfernen, Schotenhälften vierteln.

3
Peperoni etwa 8 Minuten bei 220 °C indirekt grillen. Wer die Haut entfernen will, legt die heißen Peperoni in einen Plastikbeutel und lässt sie 5 Minuten gut verschlossen liegen. Danach kann die Haut leicht abgezogen werden.

4
Peperoni mit Olivenöl und Gemüsegewürz gut mischen, satt in die Aromapfanne schichten, etwa 2 Minuten bei 220 °C auf dem Grill erwärmen. Beiseitestellen und ab und zu mischen. Ideal ist, wenn man die Peperoni einen Tag im Voraus zubereitet.

Haltbarkeit
Die Peperoni können im Öl in einem verschlossenen Gefäß im Kühlschrank zwei Wochen aufbewahrt werden. Kalt essen oder nochmals kurz erwärmen.

Kürbis

mit Steinpilzen

für 4 Personen als Beilage

700 g Butternut-Kürbis
30 g Sonnenblumenöl
300 g Steinpilze, in Streifen
40 g Butter

6 Basilikumblättchen, in Streifen
50 g Sprossen

Sauce
40 g Kürbiskernöl
20 g Balsamico
10 g Limettensaft
10 g Gemüsegewürz

Funnel: direkte Wärme

Deckel: offen

Grillzubehör: Grillplatte (glatte Oberfläche) oder Barbecue-Pfanne

Vorheizen: 220 °C, 5 Minuten, Stufe 2, geschlossener Deckel

Grillzeit: 20 Minuten

1
Grillplatte 5 Minuten auf 220 °C vorheizen.

2
Kürbis schälen (fakultativ) und in 2 cm dicke Scheiben schneiden. Auf der Gusseisenplatte im Sonnenblumenöl beidseitig je 10 Minuten grillen, an den Rand schieben. Steinpilze mit der Butter zugeben und andünsten.

3
Sprossen auf die Teller verteilen, Kürbisscheiben darauflegen, Steinpilze darauf verteilen, mit der Sauce beträufeln, mit Basilikumstreifchen garnieren.

Salat
aus allerlei Grillgemüse

für 4 Personen als Hauptgang

400 g kleine, festkochende Kartoffeln
je 150 g rote und gelbe Peperoni / Gemüsepaprika
350 g Fenchel
200 g Zwiebeln
100 g Olivenöl
250 g Cherrytomaten
25 g Gemüsegewürz
30 g Balsamico
15 g Petersilie
2–3 Thymianzweiglein
20 g Basilikumblättchen

Funnel: indirekte Wärme
Deckel: geschlossen
Grillzubehör: Grillrost, Halbmond (geschlossene Form)
Vorheizen: 220 °C, 3 Minuten, Stufe 2, geschlossener Deckel
Grillzeit: 40 Minuten

1
Grill 3 Minuten auf 220 °C indirekt vorheizen.

2
Kartoffeln schälen, längs in Spalten (Schnitze) schneiden. Peperoni halbieren, Stiel, Kerne sowie weiße Rippen entfernen, Schotenhälften halbieren und quer in Streifen schneiden. Grobfasrige Teile beim Fenchel entfernen (schälen), längs halbieren und quer in Streifen schneiden. Zwiebeln schälen, längs halbieren und quer in Halbmonde schneiden.

3
Gemüse mit dem Olivenöl im Halbmond vermengen, unter gelegentlichem Wenden etwa 30 Minuten bei 200 °C indirekt grillen.

4
Bei den Cherrytomaten den Stielansatz ausstechen und je nach Größe halbieren. Petersilie von den Stielen zupfen und hacken. Thymianblättchen von den Stielen streifen, Basilikum in Streifchen schneiden.

5
Restliche Zutaten, ohne Basilikum, mit dem Gemüse mischen und 10 Minuten weitergrillen. Basilikum untermischen.

Peperoni
mit Polentafüllung

Hauptgang für 4 Personen

4 größere oder 8 kleinere Spitzpeperoni / -paprika
400 g Gemüsebrühe
100 g mittelfeiner Maisgrieß
50 g Butter
60 g Sbrinz, gerieben
10 g Gemüsegewürz

Funnel: indirekte Wärme
Deckel: geschlossen
Grillzubehör: Grillrost
Vorheizen: 220 °C, 3 Minuten, Stufe 2, geschlossener Deckel
Grillzeit: 15 Minuten

1
Den Peperoni auf der Stielseite einen Deckel abschneiden, Kerne mit einem Löffel auskratzen.

2
Gemüsebrühe in einer feuerfesten Form aufkochen, Mais einrühren, kurz kochen lassen, auf der ausgeschalteten Wärmequelle etwa 30 Minuten quellen lassen. Butter, Käse und Gemüsegewürz unter die Polenta rühren.

3
Grill 3 Minuten auf 220 °C indirekt vorheizen.

4
Polenta in einen Spritzbeutel mit Lochtülle füllen, satt in die Peperoni füllen.

5
Gefüllte Spitzpeperoni im Grill etwa 15 Minuten bei 220 °C indirekt grillen.

Auberginen

Beilage für 2 bis 4 Personen

2 mittelgroße Auberginen
150 g Olivenöl
10 g Gemüsegewürz

80 g Rucola

Marinade
20 g Kürbiskernöl
2 Spritzer Limettensaft
1 Msp Akazienblütenhonig
5 g Gemüsegewürz
10 g Sonnenblumenkerne
wenig Kreuzkümmel
8–12 Cherrytomaten
25 g Zwiebeln, klein gewürfelt

Funnel: direkte Wärme

Deckel: offen

Grillzubehör: Grillplatte (gerillte Oberfläche)

Vorheizen: 220 °C, 5 Minuten, Stufe 2, geschlossener Deckel

Grillzeit: 4–6 Minuten

1
Für die Marinade Kürbiskernöl, Limettensaft, Akazienblütenhonig und Gemüsegewürz verrühren, Sonnenblumenkerne und Kreuzkümmel zugeben.

2
Stielansatz der Tomaten ausstechen, Tomaten halbieren, mit Zwiebeln zur Marinade geben.

3
Gemüsegewürz und Olivenöl verrühren. Auberginen längs in 15 mm dicke Scheiben schneiden, mit dem Olivenöl bestreichen, 15 Minuten stehen lassen.

4
Grillplatte 5 Minuten auf 220 °C vorheizen.

5
Auberginenscheiben auf der Grillplatte auf beiden Seiten je 2 bis 3 Minuten grillen, beidseitig mit der Marinade bestreichen. Halbierte Cherrytomaten ebenfalls kurz grillen.

6
Auberginen und Tomaten anrichten, restliche Marinade darüber verteilen. Mit den Kräutern garnieren.

Fisch – Meeresfrüchte

Krevetten auf Tonnato

für 4 Personen als Vorspeise

8 Riesenkrevetten, geschält
10 g Fischgewürz
50 g Olivenöl

Thonsauce
100g Kalbsfond
70 g weißer Thon
25 g Olivenöl
100 g Mayonnaise

60 g rote Zwiebeln, klein gewürfelt
20 eingelegte Kapern

1
Zutaten für die Thonsauce sämig mixen.

2
Krevetten kalt abspülen und trocken tupfen, würzen und mit Olivenöl beträufeln, 15 Minuten marinieren.

3
Grill mindestens 5 Minuten auf 300 °C indirekt vorheizen.

4
Krevetten auf den Rost legen und zirka 2 Minuten bei 300 °C indirekt grillen.

5
Thonsauce in tiefe Teller verteilen, je 2 Krevetten dazugeben, mit Zwiebeln und Kapern garnieren.

Funnel: indirekte Wärme
Deckel: geschlossen
Grillzubehör: Grillrost
Vorheizen: 300 °C, 5 Minuten, Stufe 3, geschlossener Deckel
Grillzeit: 2 Minuten

Forelle
in der Salzkruste

Mahlzeit für 2 Personen

2 Forellen, je 300 g
1 Orange
1 Zitrone
4 entsteinte schwarze Oliven, halbiert
10 g abgezupfte Petersilie, fein gehackt
10 g abgezupfte Thymianblättchen
20 g Fischgewürz

Salzmantel
2 kg grobes Meersalz
4 g Fenchelsamen
2 Eier
100 g Wasser

Funnel: indirekte Wärme

Deckel: geschlossen

Grillzubehör: Grillrost, Halbmond (geschlossene Form)

Vorheizen: 220 °C, 2 Minuten, Stufe 2, geschlossener Deckel

Grillzeit: 20 Minuten

1
Für den Salzmantel die Zutaten rühren, bis sie leicht binden. 1 Stunde stehen lassen.

2
Forellen mit kaltem Wasser überbrausen, mit Haushaltpapier trocken tupfen. Orange und Zitrone beidseitig kappen und in je 6 Scheiben schneiden, entkernen.

3
Bauchhöhle der Forellen würzen, mit je 2 Orangen- und Zitronenscheiben, 4 Olivenhälften, Petersilie und Thymian füllen.

4
Grill 2 Minuten auf 220 °C indirekt vorheizen.

5
Halbmond mit einem Drittel der Salzmischung belegen, je 2 Orangen- und Zitronenscheiben auf das Salz legen, Fische darauflegen, je 2 Orangen- und Zitronenscheibe auf die Fische legen, mit dem restlichen Salz zudecken.

6
Halbmond auf den Rost stellen, Fisch 20 Minuten bei 220 °C indirekt grillen. Halbmond vom Grill nehmen. Fisch vor dem Öffnen der Salzkruste 5 Minuten ruhen lassen.

Lachs

mit Orangenblüten

Mahlzeit für 4 Personen

800 g schottisches Lachsfilet mit Haut
15 g Fischgewürz
15 g Ahornsirup
2 g getrocknete Orangenblüten (Reformhaus)

Funnel: indirekte Wärme
Deckel: geschlossen
Grillzubehör: Grillrost
Vorheizen: 200 °C, 3 Minuten, Stufe 2, geschlossener Deckel
Grillzeit: 15 Minuten
Kerntemperatur vor Ruhezeit: 40 °C
Ruhezeit: 4 Minuten
Kerntemperatur nach Ruhezeit: 44 °C

1
Lachsfilet auf eine Frischhaltefolie legen, mit Fischgewürz, Ahornsirup und Orangenblüten würzen, gut einpacken. Mindestens 3 Stunden im Kühlschrank marinieren. Lachs 2 Stunden vor dem Grillen aus dem Kühlschrank nehmen.

2
Grill 3 Minuten auf 200 °C indirekt vorheizen.

3
Lachsfilet mit der Hautseite nach unten auf den Rost legen, etwa 15 Minuten bei 200 °C indirekt grillen, bis das Fischfilet eine Kerntemperatur von 40 °C hat. Vor dem Portionieren etwa 4 Minuten zugedeckt ruhen lassen; die Kerntemperatur steigt auf 44 °C.

Tipp
Ideal zum Schneiden des Lachs ist der Grillrost. Mit einem Spachtel vom Grill nehmen, ohne Haut anrichten.

Zander-
sandwich

Hauptgang für 4 Personen

800 g Zanderfilets,
4 große oder 8 kleine
je 1 roter und gelber
Peperoni / Gemüsepaprika
80 g Olivenöl
8 g Gemüsegewürz

Fischmarinade
100 g Wasser
25 g Fischgewürz
2 g abgeriebene Limettenschale

Funnel: direkte / indirekte Wärme
Deckel: geschlossen / offen
Grillzubehör: Grillrost, Grillplatte (glatte Oberfläche)
Vorheizen: 220 °C, 5 Minuten, Stufe 2, geschlossener Deckel
Grillzeit: 6–8 Minuten

1
Grill 5 Minuten auf 220 °C indirekt vorheizen.

2
Peperoni halbieren, Stiel, Kerne und weiße Rippen entfernen, Schotenhälften halbieren. Mit der Haut nach unten auf den Grill legen, etwa 8 Minuten bei 220 °C indirekt grillen. Wer die Haut entfernen will, legt die heißen Peperoni in einen Plastikbeutel und lässt sie gut verschlossen etwa 5 Minuten liegen. Nun lässt sich die Haut leicht abziehen. Peperoni in Würfel schneiden, in einem feuerfesten Geschirr mit Olivenöl und Gewürz mischen.

3
Fischmarinade zubereiten, Zanderfilets einstreichen, mit restlicher Marinade in einen Vorratsbeutel geben und über Nacht marinieren.

4
Grillplatte bei tiefer Temperatur vorheizen. Zanderfilets aus der Marinade nehmen und trocken tupfen.
Große Filets halbieren. Mit der Hautseite nach unten auf die Grillplatte legen und 6 bis 8 Minuten grillen.
Peperoni auf dem Grill leicht erwärmen.

5
Je ein Zanderfilet auf vorgewärmte Teller legen, mit den Peperoniwürfelchen belegen und dem zweiten Fischfilet zudecken.

Thunfisch

im Pfeffermantel

Mahlzeit für 4 bis 6 Personen

1 kg Thunfisch
vom Mittelstück
je 5 g schwarze, rote und
grüne Pfefferkörner
15 g Fischgewürz

Funnel: indirekte Wärme
Deckel: geschlossen
Grillzubehör: Grillrost
Vorheizen: 300 °C, 5 Minuten, Stufe 3, geschlossener Deckel
Grillzeit: 6 Minuten
Kerntemperatur vor Ruhezeit: 30 °C
Ruhezeit: 5 Minuten
Kerntemperatur nach Ruhezeit: 37 °C

1
Thunfisch kalt abwaschen und trocken tupfen.

2
Pfefferkörner im Mörser gleichmäßig zerstoßen, Fischgewürz untermischen.

3
Fisch mit der Pfeffermischung einreiben. In eine Frischhaltefolie einpacken, bei Zimmertemperatur 1 Stunde stehen lassen.

4
Grill etwa 5 Minuten auf 300 °C indirekt vorheizen.

5
Thunfisch aus der Folie nehmen, etwa 6 Minuten bei 300 °C indirekt grillen, bis die Kerntemperatur 30 °C beträgt. Fisch vom Grill nehmen und zugedeckt ruhen lassen; die Kerntemperatur steigt auf 37 °C.

Fleisch

Feigen
mit Mozzarella und Bresaola

Vorspeise für 4 Personen

4 frische Feigen
4 kleine Kugeln Büffelmozzarella, halbiert
4 Scheiben Bresaola, je ca. 12 g

Portweinsirup
20 g Puderzucker
2 g Zimtpulver
200 g Portwein

Funnel: direkte/indirekte Wärme
Deckel: offen
Grillzubehör: Grillrost, Grillplatte (glatte Oberfläche), Barbecue-Wok
Vorheizen: 200 °C, 2 Minuten, Stufe 2, geschlossener Deckel
Grillzeit: 8–10 Minuten

1
Für den Portweinsirup den Puderzucker mit dem Zimt im Wok leicht karamellisieren, Portwein nach und nach zugeben und auf die Hälfte einkochen lassen. Zur Seite stellen.

2
Grillplatte 2 Minuten auf 200 °C vorheizen.

3
Feigen halbieren, auf der Grillplatte etwa 2 Minuten bei 200 °C direkt grillen. In den Portweinsirup legen, 20 bis 30 Minuten ziehen lassen.

4
Bresaola auf dem Grillrost 6 bis 8 Minuten bei 200 °C indirekt grillen, auf ein Papier legen.

5
Feigen und Mozzarella anrichten, mit Portweinsirup beträufeln, mit gegrilltem Bresaola garnieren.

Kartoffelschnitze

mit Serranoschinken

Hauptgang oder Beilage
für 2 Personen

2 festkochende Kartoffeln,
je 200 g
10 g Butter
5 g Gemüsegewürz

12 Scheiben Serranoschinken,
ca. 120 g
12 kleinere Salbeiblätter
60 g gehobelter Sbrinz

Funnel: indirekte Wärme

Deckel: geschlossen

Grillzubehör: Grillrost,
Lochblech

Vorheizen: 220 °C, 3 Minuten,
Stufe 2, geschlossener Deckel

Grillzeit: 66 Minuten

1

Grill 3 Minuten indirekt auf 220 °C vorheizen.

2

Kartoffeln mit Butter und Gemüsegewürz einzeln in Alufolie einpacken.

3

Kartoffeln etwa 60 Minuten bei 220 °C grillen, bis sie weich sind. Aus dem Grill nehmen. Folie öffnen, Kartoffeln etwas auskühlen lassen. Jede Kartoffel in 6 Schnitze schneiden. Schinkenscheiben mit gehobeltem Sbrinz und Salbeiblatt belegen, Kartoffelschnitze darauflegen und satt einrollen. Auf den Rost oder das Backblech legen und bei 220 °C etwa 6 Minuten grillen.

Rindscarpaccio mit Sbrinz

Vorspeise für 4 Personen

Carpaccio
400 g Rindshuft, schmales Stück, gut gelagert
40 g flüssige Butter

Rucola oder Nüssli- / Feldsalat oder anderer Blattsalat oder Sprossen
80 g grob gehobelter Sbrinz
Meersalz
frisch gemahlener Pfeffer
Olivenöl
Balsamico

Funnel: indirekte Wärme
Deckel: geschlossen
Grillzubehör: Grillrost
Vorheizen: 200 °C, 2 Minuten, Stufe 2, geschlossener Deckel
Grillzeit: 15 Minuten
Kerntemperatur vor Ruhezeit: 50 °C
Ruhezeit: 5 Minuten
Kerntemperatur nach Ruhezeit: 54–56 °C

1
Grill 2 Minuten auf 200 °C indirekt vorheizen.

2
Rindshuft kalt abspülen, trocken tupfen, mit flüssiger Butter bestreichen.

3
Rindshuft auf den Grillrost legen und etwa 15 Minuten bei 200 °C indirekt grillen; das Fleisch soll eine Kerntemperatur von 50 °C haben. Aus dem Grill nehmen und zugedeckt etwa 5 Minuten ruhen lassen; die Kerntemperatur steigt auf 54 bis 56 °C.

4
Rindshuft in feine Scheiben schneiden, auf dem Blattsalat anrichten, gehobelten Sbrinz darüberstreuen, mit Salz, Pfeffer, Olivenöl und Balsamico würzen.

Flamm-kuchen

Hauptgang für 1 Person
Vorspeise für 4 Personen
Aperitif für 8 Personen

260 g Flammkuchen- oder Pizzateig

Belag
40 g Hirschtrockenfleisch
130 g Sauerrahm / saure Sahne
100 g Sbrinz
80 g Cherrytomaten
4–5 Basilikumblätter

Funnel: indirekte Wärme

Deckel: geschlossen

Grillzubehör: Grillrost, Pizzastein oder Lochblech

Vorheizen: 300 °C, 5 Minuten, Stufe 3, geschlossener Deckel

Grillzeit: 6–8 Minuten

1
Grill mit Pizzastein 5 Minuten auf 300 °C indirekt vorheizen.

2
Trockenfleisch in feine Streifen schneiden. Sbrinz fein reiben. Bei den Tomaten den Stielansatz ausstechen, Tomaten je nach Größe halbieren oder vierteln. Basilikum in Streifen schneiden.

3
Teig rechteckig ausrollen und auf ein Backpapier legen. Alle Zutaten für den Belag mischen und auf dem Teig vorsichtig verstreichen.

4
Flammkuchen mit Backpapier auf den heißen Pizzastein legen, nach 1 Minute Backpapier entfernen, Flammkuchen 6 bis 8 Minuten bei 300 °C indirekt backen.

Lamm

mit Mozzarella und Sprossen

Vorspeise für 4 Personen

360 g Lammnierstück
8 g Fleischgewürz
wenig flüssige Butter

40 g Alfalfasprossen
100 g Büffelmozzarella, in feinen Scheiben

Olivenöl
Apfelbalsam
Pfeffer aus der Mühle

Funnel: indirekte Wärme

Deckel: geschlossen

Grillzubehör: Grillrost

Vorheizen: 200 °C, 2 Minuten, Stufe 2, geschlossener Deckel

Kerntemperatur vor Ruhezeit: 45 °C

Grillzeit: 9 Minuten

Ruhezeit: 4 Minuten

Kerntemperatur nach Ruhezeit: 48–50 °C

1

Lammnierstück mit Fleischgewürz und Butter einstreichen, in Frischhaltefolie einpacken, im Kühlschrank 12 Stunden marinieren. 2 Stunden vor dem Grillen aus dem Kühlschrank nehmen, in der Folie belassen.

2

Grill 2 Minuten auf 200 °C indirekt vorheizen.

3

Fleisch aus der Folie nehmen und auf den Rost legen, etwa 9 Minuten bei 200 °C indirekt grillen, bis es eine Kerntemperatur von 45 °C hat. Mit Alufolie zugedeckt 4 Minuten ruhen lassen; die Kerntemperatur steigt auf 48 bis 50 °C.

4

Lammfleisch in feine Scheiben schneiden, mit dem Mozzarella auf den Sprossen anrichten, mit Olivenöl und Apfelbalsam beträufeln, mit Pfeffer abrunden.

Kalbsmilken auf Äpfeln

Vorspeise für 4 Personen

500 g frische Kalbsmilken / Bries
1 Limette
1 l Wasser
25 g flüssige Butter
12 g Fleischgewürz

2 Äpfel, z. B. Boskop
20 g Butter

Funnel: direkte Wärme
Deckel: offen
Grillzubehör: Grillplatte (gerillte Oberfläche)
Vorheizen: 4 Minuten, Stufe 2, geschlossener Deckel
Grillzeit: 4 Minuten

1
Schale der Limette auf der Bircherraffel abreiben, Frucht auspressen. Fruchtschale und -saft mit dem Wasser aufkochen, Kalbsmilken zugeben, bei möglichst kleiner Hitze zugedeckt etwa 20 Minuten ziehen lassen.
Im Sud auskühlen lassen. Aus dem Sud nehmen, Milken trocken tupfen und in Scheiben schneiden.

2
Grillplatte 4 Minuten auf mittlerer Stufe direkt vorheizen.

3
Milkenscheiben auf der heißen Grillplatte bei mittlerer Hitze beidseitig je 2 Minuten grillen. Vom Grill nehmen, mit Fleischgewürz würzen und mit Butter abschmecken. Zugedeckt warm halten.

4
Äpfel schälen, das Kerngehäuse ausstechen, in Scheiben schneiden. Apfelscheiben auf der heißen Grillplatte bei mittlerer Hitze beidseitig kurz grillen, mit Butter abschmecken.

5
Milken auf den Apfelscheiben anrichten.

Variante
Milken auf Champagnersauerkraut servieren.

Schweins-filetspiess

Hauptgang für 4 Personen

12 Schweinsfiletmedaillons, je 50 g
15 g Fleischgewürz
50 g Olivenöl
12 dünne Scheiben Serranoschinken
8 getrocknete Feigen

12 Holzspießchen, 20 cm lang

Funnel: direkte Wärme

Deckel: offen

Grillzubehör: Grillplatte (gerillte Oberfläche)

Vorheizen: 250 °C, 5 Minuten, Stufe 2, geschlossener Deckel

Grillzeit: 6–8 Minuten

Kerntemperatur vor Ruhezeit: 60 °C

Ruhezeit: 3 Minuten

Kerntemperatur nach Ruhezeit: 65 °C

1
Medaillons würzen, mit Olivenöl bestreichen, etwa 30 Minuten marinieren.

2
Schinkenscheiben längs einschlagen, je ein Medaillon damit umwickeln.

3
Feigenstiel abschneiden, Frucht einschneiden (nicht durchschneiden) und aufklappen.

4
Je 2 Feigen und 3 Medaillons auf ein Spießchen stecken.

5
Grillplatte 5 Minuten auf 250 °C vorheizen.

6
Spießchen auf der Grillplatte auf jeder Seite 3 bis 4 Minuten grillen, bis sie eine Kerntemperatur von 60 °C haben.
Vom Grill nehmen, mit Alufolie zudecken und 3 Minuten ruhen lassen; die Kerntemperatur steigt auf 65 °C.

Kaninchen-Saltimbocca

Hauptgang für 4 Personen

4 Kaninchenschlegel, vom Metzger ausgebeint
8 Scheiben Bresaola, je 8 g
4 Salbeiblätter

Fleischfaden

Marinade
15 g Fleischgewürz
25 g Olivenöl
10 g milder Senf
5 g Sojasauce «grün»
5 g Honig

Funnel: indirekte Wärme
Deckel: geschlossen
Grillzubehör: Grillrost
Vorheizen: 220 °C, 2 Minuten, Stufe 2, geschlossener Deckel
Grillzeit: 22 Minuten
Kerntemperatur vor Ruhezeit: 58 °C
Ruhezeit: 5 Minuten
Kerntemperatur nach Ruhezeit: 64 °C

1
Marinade zubereiten.

2
Fleisch flach legen, ein Salbeiblatt und eine Scheibe Bresaola darauflegen, satt einrollen und mit Faden über das Kreuz binden. Mit der Marinade bestreichen.

3
Grill 2 Minuten auf 220 °C indirekt vorheizen.

4
Kaninchenfleisch auf den Rost legen und bei 220 °C indirekt etwa 22 Minuten grillen, nach halber Grillzeit erneut mit der Marinade bestreichen; die Schlegel sollen eine Kerntemperatur von 58 °C haben. Fleisch vom Grill nehmen und mit Alufolie zugedeckt 5 Minuten ruhen lassen; die Kerntemperatur steigt auf 64 °C.

Kalbs-
tafelspitz

Hauptgang für 2 Personen

500 g Kalbstafelspitz

Marinade
15 g flüssige Butter
10 g Fleischgewürz
2 EL fein gehackte Petersilie
wenig getrocknete Chilischote, aus der Mühle

Funnel: indirekte Wärme
Deckel: geschlossen
Grillzubehör: Grillrost
Vorheizen: 220 °C, 2 Minuten, Stufe 2, geschlossener Deckel
Grillzeit: 25 Minuten
Kerntempratur vor Ruhezeit: 53 °C
Ruhezeit: 5 Minuten
Kerntemperatur nach Ruhezeit: 58 °C

1
Kalbstafelspitz mit der Marinade einstreichen, in Frischhaltefolie einpacken. Im Kühlschrank mindestens 12 Stunden marinieren. 2 Stunden vor dem Grillen aus dem Kühlschrank nehmen, Fleisch in der Folie belassen.

2
Grill 2 Minuten auf 220 °C indirekt vorheizen.

3
Fleisch aus der Folie nehmen, auf den Grill legen, etwa 25 Minuten bei 220 °C indirekt grillen; das Fleisch soll eine Kerntemperatur von 53 °C haben. Vom Grill nehmen und 5 Minuten ruhen lassen; die Kerntemperatur steigt auf 58 °C.

Gitzischlegel
an Limettenmarinade

Hauptgang für 2 bis 3 Personen

800 g Gitzischlegel mit Bein (Silberhaut vom Metzger entfernt)
16 g Fleischgewürz
wenig frisch gepresster Knoblauch
wenig abgeriebene Limettenschale
wenig gehackter Oregano
wenig gehackter Rosmarin

Anstrich
15 g milder Senf
15 g Olivenöl
15 g Sojasauce «grün»
15 g Waldhonig

Funnel: indirekte Wärme

Deckel: geschlossen

Grillzubehör: Grillrost

Vorheizen: 220 °C, 2 Minuten, Stufe 2, geschlossener Deckel

Grillzeit: 45 Minuten

Kerntemperatur vor Ruhezeit: 80 °C

Ruhezeit: 5 Minuten

Kerntemperatur nach Ruhezeit: 85 °C

1

Fleischgewürz, Knoblauch, Limettenschale und Kräuter mischen, Gitzischlegel mit der Würzmischung einreiben, in Frischhaltefolie einpacken und im Kühlschrank mindestens 12 Stunden marinieren. 2 Stunden vor dem Grillen aus dem Kühlschrank nehmen, in der Folie belassen.

2

Grill 2 Minuten auf 220 °C indirekt vorheizen.

3

Gitzischlegel aus der Folie nehmen, auf den Rost legen, etwa 45 Minuten bei 220 °C indirekt grillen, alle 15 Minuten mit dem Anstrich bestreichen. Das Fleisch soll eine Kerntemperatur von 80 °C haben. Schlegel aus dem Grill nehmen, mit Alufolie zugedeckt 5 Minuten ruhen lassen; die Kerntemperatur steigt auf 85 °C.

Rippli
mit Honigmarinade

Mahlzeit für 4 Personen

800 g mild gesalzenes Rippli, ohne Knochen

Marinade
30 g Waldhonig
25 g flüssige Butter
25 g milder Senf
10 g Sojasauce «grün»

Funnel: indirekte Wärme
Deckel: geschlossen
Grillzubehör: Grillrost
Vorheizen: 220 °C, 2 Minuten, Stufe 2, geschlossener Deckel
Grillzeit: 40 Minuten
Kerntemperatur vor Ruhezeit: 63 °C
Ruhezeit: 5 Minuten
Kerntemperatur nach Ruhezeit: 68 °C

1
Grill 2 Minuten auf 220 °C indirekt vorheizen.

2
Zutaten für die Marinade verrühren.

3
Rippli auf dem Rost 10 Minuten bei 220 °C indirekt grillen, mit der Marinade bestreichen, 10 Minuten grillen, noch 2-mal mit der Marinade bestreichen. Die Grillzeit ist etwa 40 Minuten; das Rippli soll eine Kerntemperatur von 63 °C haben. Vom Grill nehmen und mit Alufolie zugedeckt 5 Minuten ruhen lassen; die Kerntemperatur steigt auf etwa 68 °C.

Pouletroulade

mit Zwetschgenfüllung

Hauptgang für 2 bis 3 Personen

400 g doppelte Pouletbrust mit Haut
40 g Bündnerfleisch, in feinen Scheiben
2 Eier
8 entsteinte Trockenpflaumen, aufgeschnitten

Fleischfaden

Marinade
10 g Geflügelgewürz
20 g Olivenöl
10 g Sojasauce
10 g Ahornsirup

Funnel: indirekte Wärme
Deckel: geschlossen
Grillzubehör: Grillrost
Vorheizen: 200 °C, 2 Minuten, Stufe 2, geschlossener Deckel
Grillzeit: 35 Minuten
Kerntemperatur vor Ruhezeit: 67 °C
Ruhezeit: 5 Minuten
Kerntemperatur nach Ruhezeit: 73 °C

1
Pouletbrust flach legen, dicke Teile einschneiden, so dass ein großes Rechteck entsteht. Bündnerfleisch überlappend darauflegen.

2
Eier verquirlen, auf der vorgeheizten Gussplatte bei mittlerer Hitze ein Omelett backen (nur auf einer Seite), die Oberfläche muss leicht flüssig bleiben. Omelett von der Gusseisenplatte nehmen, eng mit den Pflaumen belegen, satt einrollen in der Größe der Pouletbrust.

3
Omelett auf das Bündnerfleisch legen, Schmalseiten einschlagen, in Längsrichtung satt aufrollen. Mit Faden einmal längs und dreimal quer nicht zu fest binden.

4
Für die Marinade alle Zutaten verrühren, Fleischroulade damit bestreichen. In Frischhaltefolie einpacken, im Kühlschrank mindestens 3 Stunden marinieren. 2 Stunden vor dem Grillen aus dem Kühlschrank nehmen.

5
Grill 2 Minuten auf 200 °C indirekt vorheizen. Pouletroulade aus der Folie nehmen und etwa 35 Minuten bei 200 °C indirekt grillen, bis das Fleisch eine Kerntemperatur von 67 °C hat. Vom Grill nehmen und mit Alufolie zugedeckt 5 Minuten ruhen lassen; die Kerntemperatur steigt auf 73 °C.

Flambiertes Mistkratzerli

Hauptgang für 4 Personen

4 Mistkratzerli, je 400 g
1 dl / 100 ml Single Malt Whisky

Marinade
20 g milder Senf
10 g Sojasauce
40 g Akazienblütenhonig
20 g Balsamico
10 g Maisstärke
5 g Worcestersauce
35 g Geflügelgewürz
10 g Knoblauch, durchgepresst

Funnel: indirekte Wärme
Deckel: geschlossen
Grillzubehör: Grillrost
Vorheizen: 220 °C, 2 Minuten, Stufe 2, geschlossener Deckel
Grillzeit: 35–40 Minuten
Kerntemperatur vor Ruhezeit: 68 °C
Ruhezeit: 5 Minuten
Kerntemperatur nach Ruhezeit: 72 °C

1
Zutaten für die Marinade verrühren.

2
Mistkratzerli mit kaltem Wasser abspülen, trocken tupfen. Mit dem Zeigefinger die Haut auf der Brust lösen, das Fleisch darunter marinieren. Die ganzen Mistkratzerli mit der Marinade bestreichen. Einzeln satt in Frischhaltefolie einwickeln. Im Kühlschrank mindestens 3 Stunden marinieren. Mistkratzerli 2 Stunden vor dem Grillen aus dem Kühlschrank nehmen.

3
Grill 2 Minuten auf 220 °C indirekt vorheizen.

4
Mistkratzerli 35 bis 40 Minuten bei 220 °C indirekt grillen, bis das Fleisch eine Kerntemperatur von 68 °C hat. Von Zeit zu Zeit mit restlicher Marinade oder mit Butter bestreichen. Vom Grill nehmen und mit Alufolie zugedeckt 5 Minuten ruhen lassen; die Kerntemperatur steigt auf 72 °C. Whisky in einem Schüsselchen leicht erwärmen. Mistkratzerli auf Teller legen, mit dem Whisky übergießen und anzünden.

Gefüllte Kalbsbrust

Hauptgang für 4 bis 6 Personen

1 kg Kalbsbrust,
möglichst gleichförmig
25 g Fleischgewürz
100 g Olivenöl

Füllung
300 g Kalbsbrät
100 g Modelschinken,
klein gewürfelt
30 Pistazien, natur,
im Mörser zerstoßen
wenig fein gehackte Petersilie

Fleischfaden

Funnel: indirekte Wärme
Deckel: geschlossen
Grillzubehör: Grillrost
Vorheizen: 200 °C, 2 Minuten, Stufe 2,
geschlossener Deckel
Grillzeit: 2 Stunden
Kerntemperatur vor Ruhezeit: 68 °C
Ruhezeit: 8 Minuten
Kerntemperatur nach Ruhezeit: 72 °C

1
Mit einem langen, dünnen Messer eine möglichst große Tasche in die Kalbsbrust schneiden (oder vom Metzger machen lassen).

2
Zutaten für die Füllung mischen, bis die Masse zusammenhält.

3
Die Füllung in die Kalbsbrusttasche füllen, gleichmäßig verteilen, mit einem Fleischfaden zusammennähen.
Die Brust einmal längs und drei- bis viermal quer nicht zu fest binden. Mit dem Fleischgewürz würzen und mit dem Olivenöl bestreichen. Satt in eine Frischhaltefolie einwickeln, über Nacht im Kühlschrank marinieren.
Mindestens 2 Stunden vor dem Grillen aus dem Kühlschrank nehmen.

4
Grill 2 Minuten auf 200 °C indirekt vorheizen.

5
Kalbsbrust aus der Folie nehmen, auf den Rost legen, etwa 2 Stunden bei 200 °C grillen, bis sie eine Kerntemperatur von 68 °C hat. Vom Grill nehmen, mit Alufolie zugedeckt 8 Minuten ruhen lassen; die Kerntemperatur steigt auf 72 °C.

Gefüllte Pouletschenkel

Hauptgang für 4 Personen

4 Pouletschenkel
10 g Geflügelgewürz

Füllung
200 g Bratwurst- oder Fleischkäsebrät
40 g Lauch, fein gewürfelt
20 g geriebener Sbrinz
8 Scheiben (ca. 60 g) Bresaola

Zahnstocher
Fleischfaden

Anstrich nach Belieben, Seite 25

Funnel: indirekte Wärme
Deckel: geschlossen
Grillzubehör: Grillrost
Vorheizen: 220 °C, 2 Minuten, Stufe 2, geschlossener Deckel
Grillzeit: 22 Minuten
Kerntemperatur vor Ruhezeit: 67 °C
Ruhezeit: 5 Minuten
Kerntemperatur nach Ruhezeit: 72 °C

1
Fleisch an den Pouletschenkeln am oberen Ende bis zum Kniegelenk mit einem Messer vorsichtig vom Knochen lösen, nicht durchschneiden. Wenn der Knochen gut freigelegt ist, das Fleisch über das Kniegelenk legen. Beim Gelenk den Röhrenknochen mit einem großen Messer abdrücken; Gelenk und Fleisch müssen verbunden bleiben. Haut von Hand vorsichtig vom Fleisch lösen. Fleisch leicht würzen.

2
Für die Füllung Brät, Lauch und Sbrinz mischen.

3
In jeden Schenkel überlappend zwei Bresaolascheiben legen, Brätfüllung daraufgeben und das Fleisch vorsichtig verschließen. Die Haut über den Schenkel zurückziehen und an den Enden mit zwei Zahnstochern quer fixieren, übers Kreuz der Zahnstocher mit Faden zunähen.

4
Grill 2 Minuten auf 220 °C indirekt vorheizen.

5
Pouletschenkel mit dem Anstrich bestreichen und auf den heißen Rost legen, etwa 22 Minuten bei 220 °C indirekt grillen, bis die Schenkel eine Kerntemperatur von 67 °C haben. Schenkel vom Grill nehmen und mit Alufolie zugedeckt 5 Minuten ruhen lassen; die Kerntemperatur steigt auf 72 °C.

Wurst-
festival

Funnel: indirekte Wärme

Trichterrand: bei Normalposition = direktes Grillen

Deckel: geschlossen

Grillzubehör: Grillrost

Vorheizen: 200 °C, 2 Minuten, Stufe 2, geschlossener Deckel

Grillzeit: 10–15 Minuten

Würste einschneiden?
Grillen ist beliebt, was auch gesund ist. Dazu müssen gekochte Würste, wie Kalbsbratwurst, Schüblig, Cervelat, eingeschnitten werden. Einschneiden heißt aber nicht, die Würste zu teilen, sondern kaum sichtbare Einschnitte im Abstand von 5 mm zu machen. So kann die Wurst beim Grillen «aufgehen», ohne dass sie reißt. Eine zerrissene Wurst ist eine trockene Angelegenheit.

Nicht eingeschnitten werden rohe Würste, wie Schweinsbratwurst und Luganighe, weil das Fett beim Grillen abtropfen kann und so der Druck in der Wurst nicht so stark steigt, dass sie reißen kann.

Richtig grillen
Die Würste im vorgeheizten Grill je nach Wurstsorte auf dem Rost bei 200 °C indirekt 10 bis 15 Minuten grillen; Würste nicht wenden. Die Würste sind nun richtig heiß. Nun den Grill auf Vollgas schalten. Würste an den Rand legen, Deckel schließen, 30 bis 40 Sekunden grillen, wenden, weitere 30 bis 40 Sekunden grillen. So bekommen die Würste eine schöne Farbe. Nicht zu lange grillen: Eine verbrannte Wurst schmeckt bitter.

Hauswurst
auf Sauerkraut

4 Weinhauswürste, je 150 g, z. B. Engadiner, Saucisson
1 kg gekochtes Sauerkraut

4 Backpapiere, 30 x 30 cm

Fleischfaden

Funnel: indirekte Wärme
Deckel: geschlossen
Grillzubehör: Grillrost
Vorheizen: 220 °C, 2 Minuten, Stufe 2, geschlossener Deckel
Grillzeit: 18 Minuten

1
Backpapiere auf die Arbeitsfläche legen. Je 250 g Sauerkraut in die Mitte geben, Wurst darauflegen. Zwei gegenüberliegende Backpapierseiten miteinander einrollen, Enden mit Faden zusammenbinden.

2
Grill 2 Minuten auf 220 °C indirekt vorheizen.

3
Wurstpakete auf den Rost legen und etwa 18 Minuten bei 220 °C indirekt grillen. Im Backpapier servieren.

Tipps
Am besten schmeckt eine grobkörnige, würzige Wurst, es kann auch eine Rauchwurst sein. Je nach Dicke muss die Wurst 5 bis 8 Minuten länger gegrillt werden.

Variante
Das Sauerkraut mit Ananas- oder Pfirsichwürfelchen anreichern. Ihr süßliches Aroma passt wunderbar zu Wurst.

Kalbshohrücken
mit Biermarinade

Hauptgang für 4 Personen

800 g Kalbshohrücken, pariert
100 g Bier, 25 g Senf
25 g Fleischgewürz
5 g Knoblauch, klein gewürfelt
je 2 Wacholderbeeren, Lorbeerblätter und Nelken

Biermarinade
330 g Bier
100 g Waldhonig
50 g milder Senf
60 g Fleischgewürz
50 g Sojasauce
50 g Wasser
25 g Maisstärke, Pfeffer

Funnel: indirekte Wärme
Deckel: geschlossen
Grillzubehör: Grillrost
Vorheizen: 220 °C, 2 Minuten, Stufe 2, geschlossener Deckel
Grillzeit: 50 Minuten
Kerntemperatur vor Ruhezeit: 58 °C
Ruhezeit: 5 Minuten
Kerntemperatur nach Ruhezeit: 63 °C

1
Für die Marinade Bier, Senf und Fleischgewürz verrühren. Kalbshohrücken damit bestreichen, mit restlichen Gewürzen in einen Plastikbeutel legen, gut verschließen, im Kühlschrank mindestens 12 Stunden marinieren. Fleisch 2 Stunden vor dem Grillen aus dem Kühlschrank nehmen und abtropfen lassen.

2
Für die Biermarinade die Zutaten inklusive Sojasauce unter Rühren aufkochen, die Maisstärke mit kaltem Wasser glatt rühren, langsam zur Sauce geben, nochmals aufkochen, mit Pfeffer abschmecken, zur Seite stellen und auskühlen lassen.

3
Grill 2 Minuten auf 220 °C indirekt vorheizen.

4
Kalbshohrücken auf den Grill legen und etwa 50 Minuten bei 220 °C indirekt grillen, das Fleisch soll eine Kerntemperatur von 58 °C haben, während dem Grillen 2-mal mit der Biermarinade bestreichen. Fleisch aus dem Grill nehmen und 5 Minuten mit Alufolie zugedeckt ruhen lassen; die Kerntemperatur steigt auf 63 °C.

Tipp
Die Biermarinade ist im Kühlschrank längere Zeit haltbar.

Entenbrüstchen
mit Lavendelblüten

Hauptgang für 4 Personen

4 Entenbrüstchen, je 200 g
50 g Olivenöl
18 g Geflügelgewürz
1 g getrocknete Lavendelblüten
25 g Chilischote, aus der Mühle

Funnel: direkte / indirekte Wärme
Deckel: offen / geschlossen
Grillzubehör: Grillrost, Grillplatte (gerillte Oberfläche)
Vorheizen: 5 Minuten, Stufe 2, geschlossener Deckel
Grillzeit: 12 Minuten
Kerntemperatur vor Ruhezeit: 53 °C
Ruhezeit: 5 Minuten
Kerntemperatur nach Ruhezeit: 59 °C

1
Die Fettschicht mit Haut rautenförmig (kreuzweise) einschneiden; nicht ins Fleisch schneiden.

2
Aus Olivenöl und Gewürzen eine Marinade rühren.

3
Entenbrüstchen mit der Marinade bestreichen, satt in Frischhaltefolie einpacken. Bei Zimmertemperatur 3 Stunden oder über Nacht im Kühlschrank marinieren.

4
Grillplatte auf Funnel mit direkter Wärme auf mittlerer Stufe 5 Minuten vorheizen.

5
Entenbrüstchen mit der Hautseite unten auf die Grillplatte legen und grillen, bis die Haut gebräunt ist, wenden und auf der Fleischseite 20 Sekunden leicht bräunen (für das Aroma). Grillplatte entfernen und Funnel auf indirekte Wärme drehen und den Grillrost auflegen. Entenbrüstchen rund 6 Minuten bei 200 °C indrekt fertig grillen. Das Fleisch soll eine Kerntemperatur von etwa 53 °C haben. Vor dem Anschneiden zugedeckt 5 Minuten ruhen lassen; die Temperatur steigt auf 59 °C.

Gourmet-Fleischkäse

Hauptgang für 4 Personen

750 g Fleischkäsebrät, in der Form
150 g Trüffelbrie

Funnel: indirekte Wärme
Deckel: geschlossen
Grillzubehör: Grillrost
Vorheizen: 200 °C, 2 Minuten, Stufe 2, geschlossener Deckel
Grillzeit: ca. 60 Minuten
Kerntemperatur vor dem Servieren: 68–70 °C

1
Grill 2 Minuten auf 200 °C indirekt vorheizen.

2
Fleischkäse in der Form auf den Rost legen und etwa 60 Minuten bei 200 °C indirekt grillen, die Kerntemperatur soll 60 °C erreichen.

3
Trüffelbrie in Scheiben schneiden, auf den Fleischkäse legen. Bei 200 °C indirekt grillen, bis der Brie geschmolzen ist und die Kerntemperatur zwischen 68 und 70 °C liegt.

Kalbs-Spareribs

für 4 Personen

1,6 kg Kalbs-Spareribs
40 g Fleischgewürz
100 g Olivenöl

Anstrich
160 g Barbecuesauce
40 g Ahornsirup
20 g Sojasauce «grün»
20 g Balsamico

Funnel: indirekte Wärme
Deckel: geschlossen
Grillzubehör: Grillrost
Vorheizen: 200 °C, 2 Minuten, Stufe 2, geschlossener Deckel
Grillzeit: 70 Minuten
Kerntemperatur vor Ruhezeit: 82 °C
Ruhezeit: 10 Minuten
Kerntemperatur nach Ruhezeit: 90 °C

1
Spareribs am Vortag mit dem Fleischgewürz einreiben, mit Olivenöl bestreichen, in Frischhaltefolie einpacken, im Kühlschrank marinieren. Fleisch 2 Stunden vor dem Grillen aus dem Kühlschrank nehmen.

2
Grill 2 Minuten auf 200 °C indirekt vorheizen.

3
Für den Anstrich alle Zutaten glatt rühren.

4
Spareribs aus der Folie nehmen und auf den Rost legen, etwa 70 Minuten bei 200 °C indirekt grillen, bis die Kerntemperatur etwa 82 °C beträgt, Fleisch ab und zu mit dem Anstrich bestreichen. Fleisch vom Grill nehmen, nochmals marinieren und in eine Alufolie einpacken, weitere 5 Minuten bei 200 °C grillen. Vom Grill nehmen, eingepackt 10 Minuten ruhen lassen; die Kerntemperatur steigt auf etwa 90 °C.

Rindsfederstück mit Rosmarin

Hauptgang für 4 Personen

1,2 kg Rindsfederstück
mit Bein «Schweiz»
100 g Olivenöl
35 g Fleischgewürz
10 g Bratensaucenpulver
1 Rosmarinzweig

Anstrich
120 g Olivenöl
20 g Knoblauch, fein gewürfelt
5 g Meersalz

Funnel: indirekte Wärme
Deckel: geschlossen
Grillzubehör: Grillrost
Vorheizen: 200 °C, 2 Minuten, Stufe 2, geschlossener Deckel
Grillzeit: 2 Stunden 35 Minuten
Kerntemperatur vor Ruhezeit: 80 °C
Ruhezeit: 10 Minuten
Kerntemperatur nach Ruhezeit: 90 °C

1
Anstrich am Vortag zubereiten, bei Zimmertemperatur zugedeckt stehen lassen.

2
Olivenöl, Fleischgewürz und Bratensaucenpulver in einer Schüssel verrühren. Federstück damit bestreichen. Fleisch mit Rosmarinzweig in Frischhaltefolie einpacken, über Nacht im Kühlschrank marinieren. Mindestens 2 Stunden vor dem Grillen aus dem Kühlschrank nehmen.

3
Grill 2 Minuten auf 200 °C indirekt vorheizen.

4
Federstück aus der Folie nehmen, abtropfen lassen, Marinade auffangen und zum Anstrich geben. Fleisch mit Knochen nach unten auf den Grill legen und 2 ½ Stunden bei 200 °C indirekt grillen, bis das Fleisch eine Kerntemperatur von etwa 80 °C hat, ab und zu mit dem Anstrich bestreichen. Fleisch mit restlichem Anstrich in die Alufolie einpacken, 5 Minuten bei 200 °C grillen. Fleisch vom Grill nehmen und eingepackt 10 Minuten ruhen lassen; die Kerntemperatur steigt auf etwa 90 °C.

Kotelett vom Rind

Hauptgang für 3 Personen

3 Rindskoteletts, ca. 800 g
18 g Fleischgewürz
80 g Olivenöl

50 g flüssige Butter
2 Spritzer Sojasauce

Funnel: indirekte Wärme
Deckel: geschlossen
Grillzubehör: Grillrost
Vorheizen: 200 °C, 2 Minuten, Stufe 2, geschlossener Deckel
Kerntemperatur vor Ruhezeit: 51 °C
Ruhezeit: 5 Minuten
Kerntemperatur nach Ruhezeit: 56 °C

1
Koteletts mit dem Gewürz einreiben, mit dem Olivenöl bestreichen. In Frischhaltefolie einpacken und über Nacht im Kühlschrank marinieren. 2 Stunden vor dem Grillen aus dem Kühlschrank nehmen.

2
Grill 2 Minuten auf 200 °C indirekt vorheizen.

3
Rindskoteletts aus der Folie nehmen und auf den Grill legen, bei 200 °C grillen, bis das Fleisch eine Kerntemperatur von etwa 51 °C hat, zweimal mit Sojasaucenbutter bestreichen. Rindskoteletts vom Grill nehmen und mit Alufolie zugedeckt (nicht einpacken) etwa 5 Minuten ruhen lassen; die Kerntemperatur steigt auf etwa 56 °C.

Rack vom Wildschwein

Hauptgang für 3 Personen

600 g Wildschweinrack

Marinade
60 g Olivenöl
15 g Fleischgewürz
5 g Zimtpulver
3 g getrocknete Chilischote, aus der Mühle

50 g flüssige Butter

Funnel: indirekte Wärme
Deckel: geschlossen
Grillzubehör: Grillrost
Vorheizen: 220 °C, 3 Minuten, Stufe 2, geschlossener Deckel
Grillzeit: 20 Minuten
Kerntemperatur vor Ruhezeit: 58 °C
Ruhezeit: 6 Minuten
Kerntemperatur nach Ruhezeit: 65 °C

1
Fleisch mit der Marinade bestreichen, in Frischhaltefolie einpacken, über Nacht im Kühlschrank marinieren.
2 Stunden vor dem Grillen aus dem Kühlschrank nehmen.

2
Grill 3 Minuten auf 220 °C indirekt vorheizen.

3
Wildschweinrack auf den Grill legen, etwa 20 Minuten bei 220 °C indirekt grillen, bis das Fleisch eine Kerntemperatur von 58 °C hat, zweimal mit Butter bestreichen. Rack vom Grill nehmen, mit Alufolie zugedeckt (nicht einpacken) etwa 6 Minuten ruhen lassen; die Kerntemperatur steigt auf etwa 65 °C.

Swiss Beef-Tower

Hauptgang für 4 Personen

16 Rindsfiletmedaillons, je 40 g
15 g Fleischgewürz
50 g Sonnenblumenöl
80 g Alfalfa- oder andere Sprossen
4 Cherrytomaten, halbiert

je 4 rote und gelbe Peperoni / Gemüsepaprika, gegrillt, Rezept Seite 70

Funnel: indirekte / direkte Wärme
Deckel: offen
Grillzubehör: Halbmond oder Barbecue-Pfanne, Grillplatte (gerillte Oberfläche)
Vorheizen: 5 Minuten, Stufe 3, geschlossener Deckel
Grillzeit: 1 Minute
Ruhezeit: 2 Minuten

1
Rindfleischmedaillons mit dem Fleischgewürz einreiben, mit Sonnenblumenöl bestreichen.

2
Peperoni im Gourmet-Halbmond kurz aufwärmen und warm halten.

3
Funnel drehen auf direkte Wärme und Grillplatte 5 Minuten vorheizen.

4
Fleischmedaillons auf der Grillplatte auf jeder Seite etwa 30 Sekunden grillen, herausnehmen, auf einer Platte kurz ruhen lassen. Tomaten auf der Grillplatte beidseitig kurz erwärmen.

5
Die Hälfte der Sprossen auf die Teller verteilen. Rindsmedaillons und Peperoni zu einem Turm schichten, mit den Sprossen und den Tomaten abschließen.

Schinken-Brät-Schnitzel

Hauptgang für 4 Personen

600 g Kalbsbrät
120 g Vorderschinken, klein gewürfelt
30 g Pistazien, ungesalzen
5 g getrocknete Chilischote aus der Mühle

Mehl, zum Bestäuben

Funnel: direkte Wärme
Deckel: offen
Grillzubehör: Grillplatte (glatte Oberfläche) oder Barbecue-Pfanne
Vorheizen: 3 Minuten, Stufe 2, geschlossener Deckel
Grillzeit: 10 Minuten

1
Grillplatte 3 Minuten vorheizen.

2
Pistazien im Mörser zerdrücken.

3
Alle Zutaten kräftig mischen, bis die Kalbsbrätmasse gut zusammenhält und bindet.

4
Einen Teller fein mit Mehl bestäuben. Die Brätmasse in 4 Portionen teilen und wie Hamburger formen, nicht zu dick. Schnitzel auf eine flache Platte oder flachen Teller legen. Vorsichtig auf die vorgeheizte Grillplatte legen und bei mittlerer Hitze auf jeder Seite langsam etwa 5 Minuten grillen. Achtung: Die Schnitzel kleben die ersten paar Minuten am Grill, also nicht bewegen. Danach lassen sie sich problemlos wenden.

Tipp
Die Masse kann auch in kleinere Portionen geteilt und die Brätschnitzel können zum Aperitif oder als Vorspeise serviert werden.

Cordon bleu

à ma façon

Hauptgang für 4 Personen

4 Schweinsschnitzel vom Nierstück, aufgeschnitten, je 100 g
8 dünne Scheiben Serranoschinken

Füllung
120 g getrocknete Feigen, klein gewürfelt
60 g Cantadou
20 g Rucola, fein geschnitten
20 g Balsamico

Marinade
30 g Olivenöl
10 g Fleischgewürz
10 g milder Senf
2 Spritzer Sojasauce
wenig getrocknete Chilischote aus der Mühle

Funnel: direkte Wärme

Deckel: offen

Grillzubehör: Grillplatte (gerillte Oberfläche)

Vorheizen: 5 Minuten, Stufe 2, geschlossener Deckel

Grillzeit: 8 Minuten

1

Schweinsschnitzel flach legen und leicht klopfen. Je 2 Scheiben Schinken leicht überlappend auf die Arbeitsfläche legen. Zutaten für die Füllung mischen, in die Mitte des Schinkens geben und einpacken. Päckchen auf eine Schnitzelhälfte legen und mit der zweiten Hälfte zudecken, Ränder gut andrücken. Marinade zubereiten, Cordon bleu damit bestreichen.

2

Grillplatte 5 Minuten bei mittlerer Hitze vorheizen.

3

Cordon bleu auf die Gusseisenplatte legen, bei mittlerer Hitze auf jeder Seite etwa 4 Minuten grillen.

Asienpfanne mit Pferdefilet

Mahlzeit für 4 bis 6 Personen

50 g Butter
130 g Frühlingszwiebeln
200 g Fenchel
200 g rote Peperoni / Gemüsepaprika
400 g festkochende Kartoffeln
30 g Gemüsegewürz
200 g Mungobohnensprossen
250 g Kokosnussmilch
20 g Sojasauce
10 g Maisstärke

800 g Pferdefilet, 3 cm groß gewürfelt
80 g Öl
20 g Fleischgewürz
10 g Knoblauch, fein gewürfelt

20 g Koriandergrün

Funnel: direkte Wärme

Deckel: offen

Grillzubehör: Barbecue-Wok mit Aufsatz oder Barbecue-Pfanne

Vorheizen: 5 Minuten, Stufe 2, geschlossener Deckel

Grillzeit: 10 Minuten

1

Fleisch mit Öl, Fleischgewürz und Knoblauch würzen. Am besten in Frischhaltefolie einpacken und mindestens 1 Stunde marinieren.

2

Kartoffeln schälen, in Würfel schneiden. Grobfasrige Stellen beim Fenchel mit Sparschäler entfernen, Fenchel halbieren und quer in feine Streifen schneiden. Peperoni halbieren, Stiel, Kerne und weiße Rippen entfernen, Schotenhälften in feine Streifen schneiden. Frühlingszwiebeln in Scheiben schneiden.

3

Barbecue-Wok oder Barbecue-Pfanne 5 Minuten vorheizen.

4

Fleischwürfel im Wok unter zweimaligem Wenden kurz anbraten, zur Seite stellen.

5

Zwiebeln und Fenchel im Wok in der Butter andünsten, Peperoni mitdünsten, Kartoffeln zugeben, würzen, langsam ziehen lassen, bis die Kartoffeln al dente sind, Mungosprossen untermischen. Kokosnussmilch, Sojasauce und Maisstärke glatt rühren, unter das Gemüse rühren, aufkochen. Fleischwürfel untermischen, etwa 8 Minuten bei schwacher Hitze ziehen lassen. Abgezupfte, fein geschnittene Korianderblätter untermischen.

Bauern-braten

für 4 Personen

1,2 kg Schweinsbraten mit Schwarte
30 g Fleischgewürz
90 g Olivenöl

Anstrich
15 g Akazienhonig
15 g Dijonsenf
15 g Olivenöl
1 TL Balsamico
getrocknete Chilischote, aus der Mühle

Funnel: indirekte Wärme
Deckel: geschlossen
Grillzubehör: Grillrost
Vorheizen: 220 °C, 3 Minuten, Stufe 2, geschlossener Deckel
Grillzeit: 55 Minuten
Kerntempertur vor Ruhezeit: 68 °C
Ruhezeit: 8 Minuten
Kerntemperatur nach Ruhezeit: 75 °C
Glasieren: 300 °C

1
Fleischgewürz und Olivenöl verrühren, Braten damit einstreichen. In Frischhaltefolie einpacken und im Kühlschrank über Nacht marinieren.

2
Grill 3 Minuten auf 220 °C indirekt vorheizen.

3
Braten aus der Folie nehmen und auf den Grill legen, etwa 50 Minuten bei 220 °C indirekt grillen, bis der Braten eine Kerntemperatur von 68 °C hat, Braten regelmäßig mit Öl bestreichen. Braten aus dem Grill nehmen und mit Alufolie zugedeckt 8 Minuten ruhen lassen; die Kerntemperatur steigt auf 75 °C.

4
Grill auf 300 °C indirekt vorheizen.

5
Zutaten für den Anstrich glatt rühren, Bauernbraten einstreichen. Braten etwa 5 Minuten bei 300 °C indirekt glasieren. Nochmals kurz zugedeckt ruhen lassen.

Calzone

Hauptgang für 1 bis 2 Personen

260 g Pizzateig, vom Bäcker oder selbst gemacht

Füllung
60 g Salami nostrano
120 g Büffelmozzarella
150 g Cherrytomaten
2–3 Basilikumzweiglein
120 g Ricotta

wenig Olivenöl, zum Bestreichen

Funnel: indirekte Wärme

Deckel: geschlossen

Grillzubehör: Grillrost, Pizzastein oder Lochblech

Vorheizen: 300 °C, 5 Minuten, Stufe 3, geschlossener Deckel

Grillzeit: 8 Minuten

1

Pizzateig über die Handballen ziehen, bis die Rondelle einen Durchmesser von etwa 24 cm hat.

2

Grill mit Pizzastein mindestens 5 Minuten bei 300 °C indirekt vorheizen.

3

Salami in feine Streifen schneiden. Mozzarella klein würfeln. Bei den Tomaten den Stielansatz ausstechen, halbieren oder vierteln. Basilikum in feine Streifen schneiden. Alle Zutaten für die Füllung mischen. Mit genügend Rand auf eine Teighälfte legen, Teigrondelle zusammenklappen, mit einer Gabel gut andrücken. Calzone mit Olivenöl bestreichen.

4

Calzone auf den Pizzastein legen und etwa 8 Minuten bei 300 °C backen.

Paella

Mahlzeit für 6 Personen

1 kg Kaninchenfilet,
2 cm groß gewürfelt
100 g Olivenöl
23 g Fleischgewürz
150 g Zwiebeln, klein gewürfelt
10 g Knoblauch, klein gewürfelt

400 g rote und grüne
Peperoni / Gemüsepaprika
300 g Parboiled-Reis
1 l heiße Gemüsebrühe
200 g Tomaten
10 g Gemüsegewürz
1 Briefchen Safranpulver
250 g grüne Erbsen,
frisch oder tiefgekühlt

Funnel: direkte Wärme
Deckel: offen
Grillzubehör: Gourmetpfanne
Vorheizen: 3 Minuten, Stufe 2,
geschlossener Deckel
Grillzeit: 25 Minuten

1
Fleisch mit Olivenöl und Fleischgewürz würzen, in Frischhaltefolie einpacken, 1 Stunde bei Zimmertemperatur marinieren.

2
Peperoni halbieren, Stiel, Kerne und weiße Rippen entfernen, Schotenhälften in Würfelchen schneiden. Bei den Tomaten den Stielansatz ausstechen, Tomaten vierteln und entkernen, Viertel in Würfelchen schneiden.

3
Gourmetpfanne auf mittlerer Stufe 3 Minuten vorheizen, mariniertes Fleisch aus der Folie nehmen, zugeben und leicht anbraten, Zwiebeln und Knoblauch kurz mitdünsten, Peperoni zugeben und kurz mitdünsten, Reis zugeben und leicht glasieren, mit der Gemüsebrühe ablöschen, auf kleinster Stufe köcheln. Nach 20 Minuten Tomatenwürfelchen unterrühren, weiterköcheln, bis die Flüssigkeit fast eingekocht ist, eventuell braucht es noch etwas mehr Flüssigkeit. Safran, Gemüsegewürz sowie Erbsen unterrühren, 5 Minuten ruhen lassen.

T-Bone-Steak vom Schwein

Hauptgang für 4 Personen

4 T-Bone-Steaks vom Schwein, je 300 g
30 g Fleischgewürz
70 g Olivenöl oder Sonnenblumenöl
10 g Sojasauce

Funnel: indirekte Wärme
Deckel: geschlossen
Grillzubehör: Grillrost
Vorheizen: 250 °C, 3 Minuten, Stufe 3, geschlossener Deckel
Grillzeit: 10 Minuten
Kerntemperatur vor Ruhezeit: 63 °C
Ruhezeit: 5 Minuten
Kerntemperatur nach Ruhezeit: 68 °C

1
Fleischgewürz, Olivenöl und Sojasauce verrühren, Fleisch mit der Marinade bestreichen. In Frischhaltefolie einpacken, über Nacht im Kühlschrank marinieren. Fleisch 1 Stunde vor dem Grillen aus dem Kühlschrank nehmen.

2
Grill 3 Minuten auf 250 °C indirekt vorheizen.

3
T-Bone-Steaks aus der Folie nehmen, auf den Grill legen, etwa 10 Minuten bei 250 °C grillen, bis das Fleisch eine Kerntemperatur von 63 °C hat. Steaks aus dem Grill nehmen, mit Alufolie zugedeckt 5 Minuten ruhen lassen; die Kerntemperatur steigt auf 68 °C.

Gourmet-filet im Teig

Hauptgang für 4 bis 5 Personen

400 g Blätterteig

400 g Schweinsfilet
10 g Fleischgewürz
300 g Kalbsbrät
80 g Bündnerfleischwürfelchen
60 g Steinpilze, frisch oder tiefgekühlt, klein gewürfelt
12 g Pistazien, natur, gehackt
1 Sträußchen Petersilie, gehackt

wenig Eigelb, zum Bestreichen

Funnel: direkte/indirekte Wärme

Deckel: offen/geschlossen

Grillzubehör: Grillplatte (gerillte Oberfläche), Grillrost

Backpapier

Vorheizen: 300 °C, 3 Minuten, Stufe 3, geschlossener Deckel

Grillzeit: 20 Minuten

Kerntemperatur vor Ruhezeit: 63 °C

Ruhezeit: 5 Minuten

Kerntemperatur nach Ruhezeit: 68–70 °C

1

Grill mit Grillplatte 3 Minuten auf 300 °C vorheizen.

2

Schweinsfilet auf Grillplatte anbraten. Auskühlen lassen. Würzen.

3

Bündnerfleisch, Steinpilze, Pistazien und Petersilie mit dem Kalbsbrät zu einer kompakten Masse verarbeiten. Das Filet mit wenig Brät einreiben, bis das Fleisch und die Masse leicht binden.

4

Blätterteig auf 35 x 40 cm ausrollen. Die Hälfte der Brätmasse auf einer Längsseite etwa 8 cm breit verteilen, an den Schmalseiten 5 cm Rand frei lassen. Filet auf das Brät legen und mit der restlichen Masse gleichmäßig bedecken. Schmalseiten einschlagen. Teigenden und Teigränder mit Eigelb bestreichen, Filet satt einrollen. Auf ein gleich großes Backpapier legen. Nach Belieben mit Teigresten garnieren. Mit Eigelb bestreichen.

5

Filet im Teig auf dem Backpapier auf den Rost legen und etwa 20 Minuten bei 300 °C indirekt grillen. Hitze auf 220 °C reduzieren, Filet etwa 30 Minuten weitergrillen, bis es eine Kerntemperatur von 63 °C hat. 5 Minuten ruhen lassen; die Kerntemperatur steigt auf 68 bis 70 °C.

Wildburger

Hauptgang für 4 Personen

400 g Reh- oder Hirschfleisch, klein gewürfelt
60 g Zwiebeln, fein gewürfelt
10 g Knoblauch, fein gewürfelt
30 g Paniermehl
20 g Fleischgewürz
1 Lorbeerblatt
4 schwarze Pfefferkörner
3 Wacholderbeeren
5 g getrocknete Steinpilze
40 g Rotwein
einige Rosmarinnadeln, fein gehackt
2 Thymianzweiglein, Blättchen abgestreift

Funnel: direkte Wärme
Deckel: offen
Grillzubehör: Grillplatte (gerillte Oberfläche)
Vorheizen: 5 Minuten, Stufe 2, geschlossener Deckel
Grillzeit: 8 Minuten
Kerntemperatur vor Ruhezeit 64 °C
Ruhezeit: 3 Minuten
Kerntemperatur nach Ruhezeit: 68 °C

1
Lorbeerblatt, Pfefferkörner, Wacholderbeeren und Steinpilze im Mörser fein zerstoßen.

2
Fleisch, zerstoßene Gewürze, Zwiebeln, Knoblauch, Fleischgewürz und Paniermehl mischen, durch den Fleischwolf (3 mm-Lochscheibe) stoßen. Rotwein mit Kräutern unter die Fleischmasse arbeiten, so dass man eine kompakte Masse erhält. Im Kühlschrank zugedeckt 3 Stunden ruhen lassen, damit sich das Aroma entfalten kann.

3
Fleischmasse in Portionen von 40 g teilen, daraus Burger formen, zugedeckt stehen lassen (nicht zu kalt auf den Grill legen).

4
Grillplatte 5 Minuten bei mittlerer Hitze vorheizen.

5
Die Wildburger auf beiden Seiten je etwa 4 Minuten langsam grillen. Die Kerntemperatur sollte auf mindestens 68 °C steigen.

Rollbraten vom Kaninchenrücken

Hauptgang für 3 bis 4 Personen

450 g Kaninchenrücken ohne Knochen
40 g feine Scheiben Bresaola
50 g grüner Spargel
250 g Kalbsbrät
2 EL Milch
5 g Kurkuma

10 g Fleischgewürz
40 g Öl

Fleischfaden

Funnel: indirekte Wärme
Deckel: geschlossen
Grillzubehör: Grillrost
Vorheizen: 200 °C, 2 Minuten, Stufe 2, geschlossener Deckel
Grillzeit: 25 Minuten
Kerntemperatur vor Ruhezeit: 68 °C
Ruhezeit: 5 Minuten
Kerntemperatur nach Ruhezeit: 72 °C

1

Kurkuma und Milch glatt rühren, unter das Brät kneten.

2

Kaninchenrücken ausbreiten, Bresaola beidseitig überlappend darauflegen. Mit dem Kalbsbrät bestreichen. Den Spargel unten frisch anschneiden, das untere Drittel eventuell schälen und die Stangen längs halbieren, auf das Brät legen. Überlappenden Bresaola einschlagen, das Fleisch satt einrollen, mit Faden 4-mal nicht zu fest binden. Mit Fleischgewürz und Öl würzen.

3

Grill 2 Minuten auf 200 °C indirekt vorheizen.

4

Kaninchenrollbraten etwa 25 Minuten bei 200 °C indirekt grillen, bis er eine Kerntemperatur von 68 °C hat. Aus dem Grill nehmen, zugedeckt 5 Minuten ruhen lassen; die Kerntemperatur steigt auf 72 °C.

Innerschwyzer Hackbraten

Hauptgang für 4 Personen

400 g Rindfleisch (Federstück)
400 g Schweinefleisch (Schulter)
50 g Sbrinz
100 g Karotten
50 g Knollensellerie
50 g Lauch
1 Knoblauchzehe
1 Ei
15 g Gemüsegewürz
15 g Fleischgewürz

30 g Sbrinz, grob gehobelt

Funnel: indirekte Wärme
Deckel: geschlossen
Grillzubehör: Grillrost
Vorheizen: 200 °C, 2 Minuten, Stufe 2, geschlossener Deckel
Grillzeit: 40 Minuten
Kerntemperatur vor Ruhezeit: 62 °C
Ruhezeit: 6 Minuten
Kerntemperatur nach Ruhezeit: 68–70 °C

1
Fleisch und Sbrinz in kleine Würfel schneiden. Karotten und Sellerie schälen und in kleine Würfel schneiden, Lauch in feine Streifen und Knoblauch in feine Scheiben schneiden. Alle Zutaten durch den Fleischwolf (3 mm-Lochscheibe) stossen. Ei und Gewürze zugeben, Fleischmasse kneten, bis sie bindet. In eine Aluschale oder in eine Backform füllen, gehobelten Sbrinz darüber verteilen.

2
Grill 2 Minuten auf 200 °C indirekt vorheizen.

3
Aluschale oder Backform auf den Rost stellen. Hackbraten etwa 40 Minuten bei 200 °C indirekt grillen, bis er eine Kerntemperatur von 62 °C hat. Zugedeckt 5 Minuten ruhen lassen; die Kerntemperatur steigt auf 68 bis 70 °C.

Desserts & Backwaren

Schoko-küchlein

für 12 Portionenförmchen
oder eine Cakeform
von 30 cm Länge

5–6 Eier (300 g)
250 g Zucker
175 g geriebene Mandeln
75 g geriebene Haselnüsse
15 g Vanillezucker
140 g kalte, flüssige Butter
100 g Toblerone, zerbröckelt
150 g Zartbitterschokolade,
70 % Kakaoanteil, zerbröckelt

Butter, für die Förmchen / Form

Funnel: indirekte Wärme

Deckel: geschlossen

Grillzubehör: Grillrost

Vorheizen: 5 Minuten, Stufe 1, geschlossener Deckel

Grillzeit Portionenförmchen: 40 Minuten

Grillzeit Cakeform: 90 Minuten

1
Toblerone und Zartbitterschokolade in einer Schüssel über dem kochenden Wasser schmelzen (die Schokolade darf nicht über 40 °C warm werden).

2
Grill 5 Minuten auf 180 °C vorheizen. Form / Förmchen mit Butter einfetten.

3
Eier verquirlen, bis sich das Eiweiß und das Eigelb gut verbinden. Zuerst Zucker, Nüsse und Vanillezucker unter die Eier rühren, dann Butter und zuletzt Schokolade unterrühren. In Portionenförmchen oder eine Cakeform füllen.

4
Schokoladenküchlein auf den Rost stellen und etwa 40 Minuten bei 180 °C backen, den Cake etwa 90 Minuten backen. Mit einem Holzspießchen Backprobe machen: Die Küchlein / der Cake sollten innen noch klebrig, jedoch nicht flüssig sein. Vor dem Essen auskühlen lassen.

Banane
im Strudelteig

für 4 Personen

8 Strudelteigblätter, 20 x 20 cm
50 g flüssige Butter

4 Mini-Bananen, gut reif
25 g Rahmlikör
8 g Bourbon-Vanillezucker
4 Löffelbiskuits
40 g Zartbitterschokolade, 70 % Kakaoanteil, auf der Röstiraffel gerieben

Funnel: indirekte Wärme
Deckel: geschlossen
Grillzubehör: Grillrost, Lochblech
Vorheizen: 220 °C, 3 Minuten, Stufe 2, geschlossener Deckel
Grillzeit: 15 Minuten

1
Mini-Bananen schälen. Rahmlikör und Vanillezucker verrühren, Bananen damit einstreichen. 1 Stunde zugedeckt marinieren, aus der Marinade nehmen. Löffelbiskuits darin wenden und die Marinade aufnehmen lassen.

2
Vier Strudelteigblätter auf die Arbeitsfläche legen, mit der Butter bestreichen, ein zweites Teigblatt darauflegen und mit der Butter bestreichen. Je ein Löffelbiskuit diagonal in die Mitte legen, eine marinierte Banane darauflegen, mit Schokoraspeln bestreuen, Teig zu einem Dreieck falten, Teigenden andrücken. Im Kühlschrank auf Backpapier 15 Minuten trocknen lassen.

3
Grill 3 Minuten auf 220 °C indirekt vorheizen.

4
Bananenpäckchen auf einzelnen Backpapieren auf das Backblech legen, etwa 15 Minuten bei 220 °C indirekt backen.

Gefüllte Ananas

für 4 Personen

2 reife Ananas
250 g Vanillecreme
50 g Rahmlikör
50 g Blaubeeren oder Heidelbeeren

90 g Eiweiß
1 Prise Salz
90 g Puderzucker

Funnel: indirekte Wärme
Deckel: geschlossen
Grillzubehör: Grillrost
Vorheizen: 250 °C, 3 Minuten, Stufe 2, geschlossener Deckel
Grillzeit: 2 Minuten

1
Ananas längs halbieren, Blätter und harten Mittelteil entfernen. Fruchtfleisch herauslösen und in kleine Stücke schneiden.

2
Vanillecreme und Rahmlikör glatt rühren, Ananasstückchen und Blaubeeren unterrühren, in die Ananasschalen füllen.

3
Grill 3 Minuten auf 250 °C indirekt vorheizen.

4
Eiweiß mit der Prise Salz schaumig schlagen, Puderzucker langsam zugeben und weiterschlagen, bis die Eischneemasse fest ist und in der Schüssel haftet. Eischnee in den Spritzbeutel mit breiter Sterntülle füllen, auf die Ananas spritzen.

5
Ananashälften etwa 2 Minuten bei 250 °C indirekt leicht grillen (die Masse darf nicht zu dunkel werden), Hitze auf 200 °C reduzieren, die Ananas indirekt etwa 15 Minuten fertig grillen.

Limettentarte

für 6 bis 8 Personen
für ein Blech von 28 cm
Durchmesser

Mürbeteig
140 g weiche Butter
80 g Puderzucker
1 Prise Salz, 2 Eier
290 g Weißmehl

3 Eigelbe

Füllung
350 g Mascarpone
60 g Doppelrahm / Crème double
ca. 4 Limetten, Schale von
2 Früchten und 100 g Saft
100 g Puderzucker
6 Eigelbe

Hülsenfrüchte, zum Blindbacken

Funnel: indirekte Wärme
Deckel: geschlossen
Grillzubehör: Grillrost, Backblech
Vorheizen: 230 °C, ca. 3 Minuten, Stufe 2, geschlossener Deckel
Grillzeit: Teigboden 20 Minuten, Tarte 25 Minuten

1
Butter luftig aufschlagen, Puderzucker und Salz unterrühren, weiterrühren, bis die Masse hell ist, Eier unterrühren, Mehl portionsweise unterheben. Teig zugedeckt 30 Minuten kühl stellen.

2
Für die Füllung Zutaten mit Stabmixer fein mixen.

3
Grill 3 Minuten auf 230 °C indirekt vorheizen.

4
Mürbeteig auf leicht bemehlter Arbeitsfläche etwas größer als das Blech ausrollen, in das eingefettete Blech legen. Eine Rondelle aus Backpapier darauflegen, mit den Hülsenfrüchten beschweren.

5
Teigboden 12 Minuten bei 230 °C indirekt backen. Hülsenfrüchte und Backpapier entfernen. Teigboden etwa 8 Minuten weiterbacken. Boden mit Eigelb bestreichen. Nochmals 1 Minute backen. Mascarponemasse auf dem Teigboden verteilen. Tarte etwa 25 Minuten backen, bis die Füllung gleichmäßig fest ist (sie sollte wie ein Pudding wackeln). Auskühlen lassen.

Tipp
Tarte mit Puderzucker bestreuen, mit dem Bunsenbrenner leicht karamellisieren.

Birne
im Teigmantel

4 feste Birnen, z. B. Conference
wenig Rahm / Sahne

200 g Mürbeteig, Seite 174

50 g Zartbitterschokolade, 70 % Kakaoanteil, gerieben
30 g Haselnüsse, gerieben
80 g Rahm / Sahne

Puderzucker

Funnel: indirekte Wärme
Deckel: geschlossen
Grillzubehör: Grillrost, Lochblech
Vorheizen für Früchte: 200 °C, 5 Minuten, Stufe 2, geschlossener Deckel
Grillzeit: 15 Minuten
Vorheizen für Teigmantel: 250 °C, 5 Minuten
Grillzeit: 25 Minuten

1
Grill 3 Minuten auf 200 °C indirekt vorheizen.

2
Birnen mit dem Apfelausstecher aushöhlen (entkernen), Stiel beiseitelegen. Früchte einzeln in Alufolie einpacken, auf den Rost legen, etwa 15 Minuten bei 200 °C indirekt grillen. Schokolade, Haselnüsse und Rahm verrühren. Birnen aus der Folie nehmen, Masse einfüllen.

3
Teig zwischen Backpapier ausrollen, 4 Quadrate von 20 cm Länge schneiden. Birnen in die Mitte stellen, den Teig vorsichtig rundum hochziehen und gut zusammendrücken, Birnenstiel daraufsetzen. Teigmantel mit Rahm bestreichen.

4
Grill 5 Minuten auf 250 °C indirekt vorheizen.

5
Backpapiere im Durchmesser (Quadrate) der Birnen schneiden, auf das Backblech legen, Birnen daraufsetzen. 5 Minuten bei 250 °C backen. Hitze auf 200 °C zurückschalten, weitere 20 Minuten backen. Etwas auskühlen lassen. Mit Puderzucker bestäuben.

Pflaumen-röschen

für 3 bis 4 Personen

260 g Blätterteig, ausgerollt

10 reife, große Pflaumen
10 g Bourbon-Vanillezucker
2 Eigelbe

Puderzucker

Funnel: indirekte Wärme
Deckel: geschlossen
Grillzubehör: Grillrost, Lochblech
Vorheizen: 250 °C, 5 Minuten, Stufe 2, geschlossener Deckel
Grillzeit: 15 Minuten

1
Grill 5 Minuten auf 250 °C indirekt vorheizen.

2
Pflaumen halbieren, Stielansatz keilförmig herausschneiden, Hälften in feine Scheiben schneiden.

3
Blätterteig in 20 cm lange und 2 cm breite Streifen schneiden. Im Abstand von 8 cm nebeneinanderlegen. Pflaumenscheiben leicht überlappend auf die Teigstreifen legen, mit Vanillezucker bestäuben, vorsichtig einrollen, Teigenden mit Eigelb bestreichen und gut andrücken, die Röschen mit Eigelb bestreichen.

4
Backblech mit Backpapierquadraten (so kann die Luft besser zirkulieren als bei einem großen Backpapier) in der Größe der Röschen belegen, Röschen darauflegen, Blech auf den Rost legen und die Pflaumenröschen etwa 15 Minuten bei 220 °C indirekt backen. Gebäck vom Grill nehmen und mit Puderzucker bestäuben. Am besten lauwarm genießen.

Sonntagszopf

250 g Zopf- oder Weißmehl
6 g Frischhefe
1 Prise Zucker
30 g zimmerwarme Butter
170 g Milch
5 g Salz

1 Eigelb
Kaffeerahm / Sahne

Funnel: indirekte Wärme
Deckel: geschlossen
Grillzubehör: Grillrost, Lochblech, Pizzastein
Vorheizen: 250 °C, 5 Minuten, Stufe 2, geschlossener Deckel
Grillzeit: 30–35 Minuten

1
Hefe, Zucker, Butter und Milch in einem Krug verquirlen, 30 Minuten ziehen lassen.

2
Mehl in eine Schüssel geben. Flüssigkeit zum Mehl geben und kneten. Sobald der Teig bindet, Salz zugeben und weiterkneten, bis der Teig schön geschmeidig ist. Schüssel mit einem feuchten Tuch zudecken, Teig etwa 1 Stunde gehen lassen.

3
Grill etwa 5 Minuten auf 250 °C indirekt vorheizen.

4
Teig in zwei Portionen teilen, Stränge von 50 cm Länge drehen / rollen, zu einem Zopf flechten. Auf ein Backpapier legen. Eigelb mit einigen Tropfen Wasser leicht verdünnen, Zopf damit einstreichen.

5
Zopf auf dem Backpapier direkt auf den Rost oder das Backblech legen und bei 200 °C indirekt 30 bis 35 Minuten backen. Herausnehmen und noch warm mit Kaffeerahm bestreichen. Abkühlen lassen.

Vollkorn-brötchen

für etwa 16 Brötchen

500 g Vollkornmehl
7 g Trockenhefe
5 g Salz
320 g Wasser
20 g Olivenöl

Funnel: indirekte Wärme

Deckel: geschlossen

Grillzubehör: Grillrost, Lochblech, Pizzastein

Vorheizen: 300 °C, 5 Minuten, Stufe 2, geschlossener Deckel

Grillzeit: 30 Minuten

1

Alle Zutaten von Hand oder in der Küchenmaschine zu einem gleichmäßigen, elastischen Teig kneten. Teigschüssel mit einem feuchten Tuch bedecken, Teig bei Zimmertemperatur mindestens 1 Stunde aufgehen lassen.

2

Teig in Portionen von 50 g teilen, runde oder längliche Brötchen formen. Auf ein Backpapier legen. Kreuzweise einschneiden, Brötchen mit Wasser bestreichen. Nochmals gehen lassen.

3

Grillrost mit Backblech mindestens 5 Minuten auf 300 °C indirekt vorheizen.

4

Brötchen mit Backpapier auf das Backblech legen, etwa 10 Minuten bei 300 °C indirekt backen, Temperatur auf 180 °C zurückschalten, Brötchen weitere 20 Minuten backen.

Basics

Rotweinpflaumen mit Ingwer

200 g Pflaumen, entsteint | 200 g Rotwein
10 g Rohrohrzucker | 4 g Ingwer | 1 mittelgroßer roter Peperoncino

1. Ingwer schälen, in feine Scheiben schneiden. Peperoncino entstielen, in feine Ringe schneiden.
2. Rotwein, Zucker, Ingwer und Peperoncino aufkochen, Pflaumen zugeben, bei schwacher Hitze 2 Minuten garziehen lassen, beiseitestellen und auskühlen lassen.
3. Rotweinpflaumen in einem geschlossenen Gefäß im Kühlschrank aufbewahren.

Abbildung: oben

Ananas-Mango-Chutney

20 g Butter | 20 g Rohrohrzucker | 100 g reife Ananaswürfelchen | 100 g reife Mangowürfelchen
2 g Limettensaft | 8 g Gemüsegewürz
1 g weißer Pfeffer, gemahlen | 1 g Chiliflocken
1 g Madras-Curry

Butter schmelzen, Zucker zugeben und leicht karamellisieren, Ananas- und Mangowürfelchen zugeben und kurz dünsten, mit Limettensaft ablöschen, Gewürze unterrühren, bei schwacher Hitze 2 Minuten garziehen lassen. Beiseitestellen, auskühlen lassen. Chutney in einem geschlossenen Gefäß im Kühlschrank aufbewahren.

Abbildung: Mitte rechts

Peperoni-Tomaten-Chutney

10 g Olivenöl | 200 g Tomaten | 200 g rote Peperoni/Gemüsepaprika | 200 g gelbe Peperoni/Gemüsepaprika | 50 g Meerrettich | 50 g Dijonsenf
5 g Thymianblättchen, gehackt | 1 Lorbeerblatt
1 g Anispulver | 20 g Gemüsegewürz | 100g Apfelsaft

1. Stielansatz der Tomaten ausstechen, Tomaten vierteln und entkernen, Viertel in Würfelchen schneiden. Peperoni halbieren, Stiel, Kerne und weiße Rippen entfernen, Schotenhälften in Würfelchen schneiden. Meerrettich schälen und auf der Bircherraffel fein reiben.
2. Tomaten, Peperoni und Meerrettich im Olivenöl andünsten, alle Gewürze unterrühren, weiterdünsten, mit Apfelsaft ablöschen, 10 Minuten bei schwacher Hitze köcheln lassen. Beiseitestellen und auskühlen lassen.
3. Chutney in einem geschlossenen Gefäß im Kühlschrank aufbewahren.

Abbildung: unten

Chutney aus roten Zwiebeln

30 g Butter | 30 g Rohrohrzucker | 300 g rote Zwiebeln | 30 g Waldhonig | 2 g Thymianblättchen, gehackt | 2 g Rosmarinnadeln, gehackt
12 g Gemüsegewürz | 6 g weißer Pfeffer, gemahlen
8 g Meersalz | 300 g Portwein

1. Zwiebeln schälen, in feine Scheiben schneiden.
2. Butter schmelzen, Zucker zugeben, leicht karamellisieren, Zwiebeln zugeben, andünsten, Honig mit Gewürzen unterrühren, mit Portwein ablöschen, köcheln lassen, bis die Zwiebeln weich und das Chutney gebunden ist. Beiseitestellen und auskühlen lassen. Chutney in einem geschlossenen Gefäß im Kühlschrank aufbewahren.

Abbildung: Mitte links

Steinpilz-Öl

100 g Olivenöl
10 g saubere, frische Steinpilze, in Streifchen
2 g Thymian, fein gehackt

Olivenöl mit Steinpilzen und Thymian in ein Glas mit Schraubverschluss füllen, auf 40 °C erwärmen. Steinpilz-Öl 24 Stunden ziehen lassen. Absieben. An einem dunklen Ort aufbewahren.

Ingwer-Chili-Öl

100 g Olivenöl
2 g Chiliflocken
5 g Peperoncini, fein gewürfelt
5 g Ingwer, geschält, in feinen Scheiben

Olivenöl mit Chiliflocken und Peperoncini in ein Glas mit Schraubverschluss füllen und auf 40 °C erwärmen. Ingwer-Chili-Öl 24 Stunden ziehen lassen. Absieben. Das Öl an einem dunklen Ort aufbewahren.

Feigen-Vanille-Öl

100 g Olivenöl
2 frische Feigen (100 g)
5 g Vanilleschote
20 g getrocknete Feigen, in feinen Streifen

Frische Feigen entstielen und halbieren, mit Vanille in wenig Olivenöl 4 Minuten dünsten. Alle Zutaten in ein Glas mit Schraubverschluss füllen, auf 40 °C erwärmen. Feigen-Vanille-Öl 24 Stunden ziehen lassen. Absieben. Das Öl an einem dunklen Ort aufbewahren.

Passionsfrucht-Öl

100 g Olivenöl
30 g Passionsfrucht
5 g Peperoncini, in Ringen

Olivenöl, Passionsfrucht und Peperoncini in ein Glas mit Schraubverschluss füllen und auf 40 °C erwärmen. Passionsfrucht-Öl 24 Stunden ziehen lassen. Absieben. Das Öl an einem dunklen Ort aufbewahren.

Knoblauch-Meerrettich-Öl

100 g Olivenöl
10 g Knoblauch, fein gewürfelt
20 g Meerrettich, geschält, fein gerieben

Olivenöl, Knoblauch und Meerrettich in ein Glas mit Schraubverschluss füllen, auf 40 °C erwärmen. Knoblauch-Meerrettich-Öl 24 Stunden ziehen lassen. Absieben. Das Öl an einem dunklen Ort aufbewahren.

Kräuterbutter

1 kg weiche Butter | 40 g Gemüsegewürz
20 g Schnittlauch | 20 g abgezupfte Petersilie
20 g Kerbel | 10 g Salbeiblättchen | 10 g Estragon
10 g Rosmarinnadeln | 10 g Dill

Butter luftig aufschlagen. Schnittlauch fein schneiden, übrige Kräuter fein hacken, sämtliche Kräuter mit Gemüsegewürz unter die Butter rühren.
Aufbewahren: Butter in einen Spritzbeutel ohne Tülle füllen, eine «Wurst» auf eine Klarsichtfolie spritzen, satt einrollen. Mindestens 2 Stunden kühl stellen; für den Vorrat tiefkühlen.
Abbildung: oben

Cranberry-Butter

150 g weiche Kräuterbutter, Rezept oben
50 g getrocknete Cranberrys

Cranberrys fein hacken, mit Kräuterbutter luftig aufschlagen.
Aufbewahren: siehe Kräuterbutter
Abbildung: dritte Butter von unten

Wasabi-Butter

150 g weiche Kräuterbutter, Rezept oben
30 g Wasabipaste | 20 g Wasabinüsse

Wasabinüsse im Mörser zerdrücken. Kräuterbutter, Wasabipaste und Wasabinüsse luftig aufschlagen.
Aufbewahren: Butter in einen Spritzbeutel ohne Tülle füllen, eine «Wurst» auf eine Klarsichtfolie spritzen, satt einrollen. Mindestens 2 Stunden kühl stellen; für den Vorrat tiefkühlen.
Abbildung: dritte Butter von oben

Peperoncini-Butter

150 g weiche Kräuterbutter, Rezept nebenan
2 g Chili aus der Mühle | 5 g scharfes Paprikapulver

Kräuterbutter, Chili und Paprikapulver luftig aufschlagen.
Aufbewahren: Butter in einen Spritzbeutel ohne Tülle füllen, eine «Wurst» auf eine Klarsichtfolie spritzen, satt einrollen. Mindestens 2 Stunden kühl stellen; für den Vorrat tiefkühlen.
Abbildung zweite Butter von oben

Hot-Curry-Butter

150 g weiche Kräuterbutter, Rezept oben links
10 g Olivenöl | 10 g Madras-Curry

Olivenöl und Curry gut verrühren, Kräuterbutter zugeben, luftig aufschlagen.
Aufbewahren: Butter in einen Spritzbeutel ohne Tülle füllen, eine «Wurst» auf eine Klarsichtfolie spritzen, satt einrollen. Mindestens 2 Stunden kühl stellen; für den Vorrat tiefkühlen.
Abbildung: zweite Butter von unten

Himbeerbalsam-Kräuterbutter

150 g weiche Kräuterbutter, Rezept oben links
30 g Himbeerbalsam | 20 g Himbeeren, zerstoßen

Alle Zutaten gut verrühren.
Aufbewahren: Butter in einen Spritzbeutel ohne Tülle füllen, eine «Wurst» auf eine Klarsichtfolie spritzen, satt einrollen. Mindestens 2 Stunden kühl stellen; für den Vorrat tiefkühlen.
Abbildung: unterste Butter

Wasabipesto

20 g Pinienkerne | 20 g Pistazien, natur
10 g Wasabipaste | 30 g Sbrinz, gerieben
100 g Olivenöl | 4 g Limettenschale |
5 g Gemüsegewürz

1. Pinienkerne und Pistazien leicht rösten, im Mörser zerdrücken.
2. Alle Zutaten mit Stabmixer zu einer homogenen Paste mixen. Wasabipesto in einem geschlossenen Gefäß im Kühlschrank aufbewahren.
Abbildung: hinten

Rucolapesto

40 g Pinienkerne | 30 g Sbrinz, gerieben
100 g Olivenöl | 30 g Rucola, fein gehackt
10 g Gemüsegewürz | 10 g Limettensaft
10 g Knoblauch, fein gewürfelt

1. Pinienkerne leicht rösten und im Mörser zerdrücken.
2. Alle Zutaten mit Stabmixer zu einer homogenen Paste mixen. Pesto in einem geschlossenen Gefäß im Kühlschrank aufbewahren.
Abbildung: vorne

Tomatenpesto

150 g Olivenöl | 200 g getrocknete Tomaten
50 g rote Peperoni/Gemüsepaprika | 40 g Pinienkerne | 100 g Tomaten | 10 g Limettensaft
10 g Knoblauch, fein gewürfelt | 10 g Gemüsegewürz
6 g Peperoncini, fein gewürfelt

1. Tomaten in Streifchen, Peperoni in Würfelchen schneiden, im Olivenöl leicht erwärmen, zur Seite stellen. Stielansatz bei den frischen Tomaten ausstechen, vierteln, entkernen, in Würfelchen schneiden. Pinienkerne leicht rösten, im Mörser zerdrücken.
2. Alle Zutaten mit Stabmixer zu einer homogenen Masse mixen. Pesto in einem geschlossenen Gefäß im Kühlschrank aufbewahren.
Abbildung: Mitte

1 teaspoon (5 mL)
1/2 teaspoon (2.5 mL)

Fleischgewürz

Meersalz 52 %
Gewürze (Paprika, Pastinake, Pfeffer, Koriander, Rosmarin, Thymian, Muskatnuss, Knoblauch, Zwiebeln, Kurkuma)
Dosierung: 25 g Gewürz je kg Fleisch oder nach Belieben

Geflügelgewürz

Meersalz 55 %
Gewürze (Paprika, Rosmarin, Pfeffer, Muskatnuss, Koriander, Knoblauch, Pastinake, Zwiebeln, Ingwer)
Dosierung: 20–30 g Gewürz je kg Fleisch oder nach Belieben

Gemüsegewürz

Meersalz 50 %
Gewürze (Pastinake, Petersilie, Karotten, Pfeffer, Zwiebeln, Muskatnuss, Koriander, Knoblauch, Lauch, Ingwer)
Dosierung: 20 g Gewürz je kg Gemüse oder nach Belieben

Fischgewürz

Meersalz 54 %
Gewürze (Pfeffer, Ingwer, Dill, Zitronenöl nat.)
Dosierung: 23 g Gewürz je kg Fisch oder nach Belieben

Cole & Mason

Register

Die Rezepte sind,
wo nicht anders vermerkt,
für 4 Personen berechnet.

Abkürzungen

EL	gestrichener Esslöffel
TL	gestrichener Teelöffel
dl	Deziliter
ml	Milliliter
Msp	Messerspitze

Zeichenerklärungen Gaskugelgrill

Funnel-System: direkt

Funnel-System: indirekt

Grill-System: Gas

Kochen

Backen

Grillen

Wer keine Gewürzwaage hat, kann sich an folgender Tabelle orientieren (ungefähre Angaben)

Grill-Ueli-Gewürz

3 g	1 gestrichener Teelöffel
5 g	1 gehäufter Teelöffel
9–10 g	1 gestrichener Esslöffel
13–15 g	1 gehäufter Esslöffel

Salz | Zucker

3 g	½ Teelöffel
6 g	1 gestrichener Teelöffel

schwarze Pfefferkörner

3 g	1 Teelöffel

rosa Pfeffer, ganz | Koriandersamen | Cayennepfeffer, gemahlen

2–3 g	1 gestrichener Teelöffel

Trockenhefe

3–4 g	1 gestrichener Teelöffel

Kreuzkümmelsamen

3–4 g	1 Teelöffel

Frische Kräuter, grob gehackt oder Blättchen gezupft: Petersilie, Minze, Estragon, Majoran, Dill

10 g	¼ Tasse = 3–4 Esslöffel
30–40 g	1 handelsüblicher Bund

Senf | BBQ-Sauce | Honig

7 g	1 Teelöffel
20 g	1 Esslöffel

Flüssigkeiten

5 g	5 ml = 1 Teelöffel
15 g	15 ml = 1 Esslöffel

Die Gewürzwaage gibts unter: www.grillueli.ch